Īra Veneris

Īra Veneris

A Latin Novella

Rachel Beth Cunning

Bombax Press
2019

Dedication

Omnibus magistrīs quī linguam Latīnam docent

Table of Contents

Preface i

Acknowledgements..vi

Capitulum I... 1

Capitulum II 6

Capitulum III 11

Capitulum IV 14

Capitulum V.. 17

Capitulum VI 22

Capitulum VII 26

Capitulum VIII..31

Capitulum IX 37

Capitulum X.. 41

Capitulum XI 45

Capitulum XII..52

Capitulum XIII 58

Capitulum XIV...63

Capitulum XV 68

Capitulum XVI...73

Capitulum XVII 77

Capitulum XVIII...81

Capitulum XIX...85

Capitulum XX 92

Capitulum XXI...97

Index Verbōrum 103

Dictionary... 142

Bibliography... 157

Preface

This story is the sequel to *Cupīdo et Psȳchē: A Latin Novella*. I have adapted these two novellas based on Apuleius' *The Metamorphoses*, though I have made some significant departures from the tale particularly in this sequel.

In choosing to retell this part of the story, my goal was still to preserve the heart of the story, which is a fairy tale, a love story, and an allegory, but also to dramatically makeover Psyche's responses to the hardships she encounters. I wanted to continue Psyche's voice and allow her determination rather than defeat. We all experience setbacks of varying sizes in life; how we choose to respond to them is of vital importance.

In Apuleius, Psyche begins contemplating suicide after Cupid leaves her. Culturally, Romans would have and did commit suicide for many reasons, including at the emperor's order. Suicide, however, should not be glorified and is not the answer to the adversity we experience in life. It was of vital importance to me to omit that storyline in its entirety. Should any of you reading this novella be struggling with suicidal thoughts or ideation, please call 1-800-273-8255 to reach the National Suicide Prevention Lifeline or visit www.suicidepreventionlifeline.org where you can chat online. The support you receive is free and confidential, and it's available 24/7.

Instead of responding to the challenges Psyche faces by contemplating suicide, she responds as I hope we all might: A few tears and then dogged determination to not be defeated. Psyche has a long and arduous journey in this novella.

Many cultural topics complement the events in this novella. In particular, what constitutes a Roman marriage is a vital theme in this novella as Psyche soon learns that none of the gods view her marriage as legitimate. In addition, the theme of slavery would be a rich one to further explore as Psyche's change in fortunes reveal how vulnerable even wealthy people were to enslavement in the ancient world.

This story does include emotional and physical cruelty and abuse. Psyche is often hungry, and she is homeless throughout nearly all the story as she tries to find her husband. Her life is in danger through most of the story as Venus tries to exact revenge.

About the Vocabulary

This story is intended for use in Latin III or IV in a four-year program in high school. It may also be appropriate for extensive reading by more advanced Latin students.

Beyond a continuation of the plot, this sequel also continues to use many of the familiar vocabulary and grammatical structures that were used in *Cupīdo et Psȳchē*. Given the dark turn of the novella's plot, however, the vocabulary also includes words like *odium*, *noceō*, *vulnerō*, *morior*, and *interficiō*. I also focused on incorporating additional grammatical structures in this novella, particularly cum clauses and the double dative. This novella then is a sequel in multiple avenues and is slightly more challenging.

I wrote this novella with the goal of limiting vocabulary to further student's ability to read and comprehend the story independently. I made extensive use of both *Dickinson College Commentaries' Core Vocabulary* as well as *Essential Latin Vocabulary*. I aimed to have as many words as practicable appear in these two lexical resources to ensure that students who are reading this novella are being exposed to high frequency words in Latin literature. Although not all words appear in these two resources, I did make careful decisions about which vocabulary to include or excise based on these lists and chose between synonyms based on which word occurs more often in Latin literature.

As such, it's appropriate for me to outline the overall words that my novella does use. *Īra Veneris* is over 11,000 words long, and it uses 334 words to constitute that length.

Of those 334 words, there are 24 names and 28 cognates in English. I thought carefully about whether to include a word as an English cognate based on how clear the cognate was and whether a typical high school student would readily recognize it.

I glossed thirty-two words that appeared fewer than ten times; in some instances, I did not gloss words that appeared fewer than ten times because the words were common in introductory Latin sequences. For example, I did not gloss words for *salvē* or *canis*, but I used these words or phrases fewer than ten times.

After names, cognates, and glosses are subtracted from the 334 total words that constitute the novella's over 11,000-word length, a student needs to know 250 words to read this entire novella. Although a rich and deep understanding of these vocabulary words is essential for comprehension, students can also make use of the glossary and dictionary at the back of the book.

About the Images

Although many writers of Latin novellas are able to both write and illustrate their own works with charming results, I have saved you and myself from that fate. Cupid and Psyche has captured many artists' attention through the centuries, and as a result, many lovely etchings, drawings, wood carvings, pictures, and other media are readily available. I hope that the use of these images will add to the appeal of the novella.

I am very grateful to have benefited from the artistic talents of Kay of www.niftyillustration.com. She recreated the iconic *Psyche Revived by Cupid's Kiss* Antonio Canona, which is in the Louvre, for the cover of this novella. All the other images used in this text are in the public domain in both the United States and the country of origin where the copyright term is the author's life plus 100 years or less.

If you would like to identify the artwork and locate more information about it, you can find additional information in the bibliography.

Acknowledgements

In writing both *Cupīdo et Psȳchē* and *Īra Veneris*, I have become a better writer in Latin thanks to the kind and patient efforts of my editors. Asking fellow teachers to give up part of their summer vacation to edit an 11,000-word novella in Latin is a **big** ask. I'm so immensely thankful to have benefited from their suggestions and their edits just as I am grateful to have learned from those suggestions and edits.

Arianne Belzer responded to seemingly innumerable texts and emails where I peppered her with questions about edits and revisions. I am also grateful to Will Sharp who, despite having a relatively young newborn at home, was a fantastic editor whose expertise I relied on. Tim Smith provided incredibly useful feedback and made some suggestions to add compelling details to the story. I am so lucky to have benefited from their edits. Any errors that remain in the story are mine, as they always were.

My husband Lee Dixon, who was the original driving force behind me writing these novellas, was invaluable, not only as an editor, but also a patient spouse. He has been a sounding board and a cheerleader. He is also cleaning the kitchen while I acknowledge how instrumental he is in this novella—and my life—right now.

Capitulum I

Psȳchē flēbat, et sōla in silvā erat. Nox erat, et lūna in caelō erat. Nescīvit **quō**[1] marītus fūgisset. Psȳchē adhūc nōn poterat crēdere Cupīdinem, deum amōris, marītum suum esse. Psȳchē nescīvit an uxor adhūc esset. Nescīvit an Cupīdo eam adhūc amāret. Ille deus Cupīdo, quī marītus fuerat, ab eā discesserat. Psȳchēne esset adhūc uxor eius? Psȳchē valdē eum amābat. Marītus Psȳchae inveniendus erat quia Psȳchē gravida erat. Psȳchē mox futūra erat māter. Mīrābātur an fīlius aut fīlia esset immortālis.

Cum Cupīdo Psȳchēn uxōrem dūxerat, Psȳchē putābat marītum esse serpentem. Pater Psȳchēs īverat ad rogandum ōrāculum dē marītō quia omnēs virī eam mīrābantur, sed **nēmō**[2] Psȳchēn uxōrem dūxerat. Omnēs virī eam mīrātī erant quia pulcherrima erat. Omnēs virī mīrantēs putāverant eam esse deam Venerem. Venus īrātissima erat quia omnēs virī Psȳchēn mīrābantur. **Nēmō** deam Venerem ipsam

---

[1] To where
[2] No one

1

mīrātus erat aut precātus erat. Quā dē causā, Psȳchē odiō Venerī fuerat et adhūc erat.

Psȳchē putāverat marītum futūrum esse serpentem quia ōrāculum novissimum fuerat. Ōrāculum dīxerat **bēstiam**[3] sīcut serpentem ductūram esse Psȳchēn uxōrem. Cum Psȳchē ōrāculum audīvisset, Psȳchē valdē timuerat nē marītus esset serpēns. Serpentēs terrōrī Psȳchae erant.

Ecce, ōrāculum dīxerat bēstiam volantem futūrum esse marītum Psȳchēs (Doré).

Sed marītus Psȳchēs nōn serpēns erat; erat benignus et cārissimus deus. Omnia quae erant in domō Psȳchēs ēlegantissima erant. Psȳchē nescīverat sī deus pulcher esset quia eum vidēre nōn potuerat. Cupīdo dīxerat vidēre eum esse perīculōsum. Psȳchē ipsa odiō Venerī, mātrī Cupīdinis, erat. Cupīdo autem Venerem nōn secūtus est. Venus iusserat Psȳchēn virum pessimum amāre, sed Cupīdo cōnsilium mātris nōn secūtus erat. Cupido ipse Psȳchēn uxōrem dūxerat quia eam amābat.

Psȳchē valdē marītum cārissimum, quem nōn vidēre potuerat, amābat. Psȳchē, autem, adhūc sorōrēs suās

---

[3] Beast

dēsīderābat. Cupīdo dīxerat sorōrēs esse perīculōsās serpentēs, sed Psȳchē rīserat et iterum rīserat. Sorōrēsne serpentēs erant? Quam rīdiculum vīsum erat!

Psȳchē putābat sorōrēs perīculōsās nōn esse. Psȳchē eās amābat et dēsīderābat. Psȳchē rogāverat ut sorōrēs vidēret, et sorōrēs ad domum Psȳchēs vēnerant. Cupīdo rogāverat ut Psȳchē marītō suō, nōn sorōribus suīs, crēderet. Sī Psȳchē cōnsilium marītī suī secūta fuisset, ea fuisset multō laetior! Sed cōnsilium marītī nōn secūta erat, sed cōnsilium sorōrum pessimārum. Quā dē causā, Psȳchē flēns sōla in silvā nunc errābat.

Tullia et Claudia ad videndum Psȳchēn vēnerant. Cum Tullia et Claudia vīdissent omnia quae Psȳchē habēbat, invidiā afficiēbantur. Psȳchē maximam et pulcherrimam domum habēbat. Psȳchē erat uxor marītī dīvīnī. Psȳchē multa ēlegantissima habēbat. Cum Claudia et Tullia domum et omnia ēlegantissima vīderant, omnia sibi voluerant. Īrātae erant, et valdē

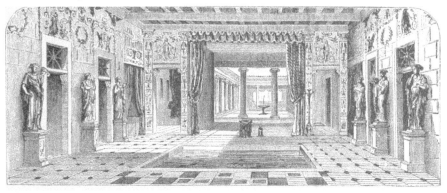

Tullia et Claudia ēlegantissimam domum et marītum dīvīnum Psȳchēs volēbant (Manning).

invidiā afficiēbantur. Psȳchē semper accēperat omnia quae Tullia et Claudia habēre voluerant. Tullia et Claudia domum et marītum dīvīnum Psȳchēs volēbant. Tullia et Claudia putāverant marītum eius quidem esse dīvīnum, et nōlēbant sorōrem suam etiam esse dīvīnam. Cōnsilium pessimum cēperant ut Psȳchae nocērent.

Cum Tullia et Claudia iterum revēnerant ad domum Psȳchēs, multa dē marītō Psȳchēs rogāverant. Psȳchē memoriā nōn tenuerat quid dīxisset dē marītō, et Psȳchē **mendāx**⁴ bona nōn esse potuerat quia vēra semper dīcēbat. Tullia et Claudia, autem, nōn **mendācēs** horribilēs fuerant, sed optimae. Tullia et Claudia dīxerant marītum Psȳchēs esse serpentem et **ēsūrum esse**⁵ īnfantem! Quia Psȳchē valdē serpentēs timēbat, Psȳchē nōn iam cōnsilium marītī sequēbātur sed flēbat et timēbat. Sorōribus pessimīs, istīs serpentibus, crēdiderat, et putābat marītum esse serpentem, sīcut ōrāculum et sorōrēs dīxerant.

Nunc Psȳchē nescīvit ubī esset marītus, sed scīvit marītum esse deum Cupīdinem. Psȳchē nescīvit ubī ipsa esset, sed scīvit sē inventūram esse marītum cārissimum. **Quō**⁶ Cupīdo fūgerat? Psȳchēne eum invenīre posset?

Cupīdo ā Psȳchē flente diū discesserat quia Psȳchē nōn eī sed sorōribus pessimīs crēdiderat. Psȳchē nunc mīrābātur dē marītō suō. Eratne īrātus? Reventūrusne erat? Psȳchē nescīvit.

---

⁴ Liar
⁵ Would eat
⁶ To where

Sorōrēs dīxerant marītum Psȳchēs serpentem esse et Psȳchēn eum interficere dēbēre. Psȳchē cōnsilium sorōrum sequī incēperat. Ipsa **gladium**[7] sub lectō posuerat, et tunc **gladium** sub lectō cēperat ut marītum suum interficeret.

Psȳchē autem marītum dormientem nōn interfēcerat quia vīderat eum esse dīvīnum deum Cupīdinem. *Cupīdinem! Deum amōris ipsum!* Cupīdo pater īnfantis eōrum futūrus erat!

Sed Psȳchē eum **oleō fervente**[8] vulnerāverat. Cupīdo, vulnerātus corpore et animō, sē excitāverat et fūgerat. Flēns Psȳchē precāta erat et rogāverat nē Cupīdo discēderet et ut veniam eī daret. Cupīdo veniam Psȳchae miserrimae nōn dederat, sed Psȳchē **dederat poenam**.[9] Cupīdo ā eā flente sōlā et gravidā in silvā discesserat et fūgerat.

Psȳchē trīstissima in silvā sub arboribus diū flēbat et per viās et per agrōs errābat. Psȳchē nōn iam scīvit ubī esset. Marītum valdē amābat. Cupīdo dīxerat īnfantem suum futūrum esse immortālem sī Psȳchē eī crēdiderat. Psȳchē autem nōn marītō crēdiderat. Īnfānsne nunc mortālis esset quia nōn marītō crēdiderat?

Quis auxilium eī daret? Quis domum sibi daret? Quis cibum sibi daret? Auxilium eī inveniendum erat. Psȳchē ā Cupīdine veniam darī volēbat. Cupīdo eī inveniendus erat ut īnfāns patrem habēret.

---

[7] Sword
[8] With boiling hot oil
[9] Had paid the penalty

Capitulum II

Psȳchē per silvam errābat et sub arboribus dormiēbat (Foster).

Psȳchē miserrima diū per silvam errābat. Sub arboribus dormiēbat, et paulum cibī edēbat. Psȳchē fessissima erat. Psȳchē nōn iam vidēbātur sīcut fīlia rēgis. Psȳchē autem pulcherrima fēmina **in tōtō orbe terrārum**[10] erat. Psȳchē valdē in lectō dormīre et cibum edere volēbat. Psȳchē gravida manum in abdōmine suō posuit.

"Per Cupīdinem ipsum et rēgem deōrum Iovem iūrō," inquit Psȳchē, "nostrum īnfantem futūrum esse immortālem. Cupīdine inventō, ūnā familia erimus."

Psȳchē viam diū sequēbātur. Via tandem dūxit Psȳchēn ad cīvitātem in quā Claudia et marītus

---

[10] In the whole world

habitābant. Cum Psȳchē domum sorōris vīdit, nescīvit an ad sorōrem saevam īre dēbēret. Psȳchē erat fēmina sine pecūniā et sine marītō, et trīstissima et gravida erat. Quā dē causā, Claudia gaudēret et rīdēret. Psȳchē nunc scīvit sorōrem esse pessimam serpentem, ut Cupīdō dīxerat, sed Psȳchē auxiliō et cibō et pecūniā carēbat.

Psȳchē adhūc īvit ad videndum sorōrem saevam. Mox Psȳchē māter esset, et māter omnia quae necesse erant īnfantī ageret. Sī ipsa cibum acciperet, sorōrem saevam ferre posset. Psȳchē sorōrem gaudentem et rīdentem spectāre et nōn fugere posset. Psȳchē īvit ad domum sorōris ut rīdērētur et cibum ederet.

Cum servus Psȳchēn vīdit, servus putāvit Psȳchēn ancillam esse.

"Quid vīs?" Servus rogāvit.

"Volō," inquit Psȳchē, "vidēre sorōrem meam, Claudiam."

Servus mīrāns tunc scīvit quis Psȳchē esset, et Psȳchē in domum Claudiae īvit.

Cum Claudia Psȳchēn miserrimam vīdit, gaudēre et rīdēre voluit. Psȳchē tandem miserrima erat, et pecūniā carēbat! Claudia ipsa laeta erat quia multa habēbat. Cōnsilium eius fuerat optimum! Sed Claudia voluit adhūc vidērī sīcut soror bona et benigna. Optima **mendāx**[11] erat Claudia.

"Ō, soror! Quam miserrima vidēris! Quam fessissima vidēris! Carēsne cibō? Venī mēcum, et ūnā edāmus, et dīc mihi omnia," dīxit Claudia.

Psȳchē Claudiam secūta est, et multum cibum ēdit.

Cibō ēsō,[12] Psȳchē tandem dīxit, "Dīxistī mē dēbēre interficere marītum meum. Dīxistī mē eum esse serpentem. Marītus meus serpēns nōn erat."

Psȳchē dīxit marītum esse deum Cupīdinem (Master of the Die).

"Nonne erat alia **bēstia**?"[13] Claudia rogāvit. Claudia scīvit marītum Psȳchēs esse deum. Quā dē causā, Claudia et Tullia cōnsilium cēperant quia nōlēbant Psȳchēn esse deam.

"Nōn **bēstia** est," inquit Psȳchē, "sed deus."

"Quī deus est? Quem vīdistī?" Claudia rogāvit.

"Ego ipsa vērē vīdī deum amōris et fīlium Veneris:

---

[11] Liar
[12] After the food was eaten
[13] Beast

Cupīdinem. Marītus cārus meus est amor ipse!"

"**Mīrābile audītū!**"[14] Claudia, quae invidiā maximā affecta est, clāmāvit.

Cum Claudia parva fuisset, ea voluerat Cupīdinem dūcere ipsam uxōrem. Claudia semper vidēbat in **somniīs**[15] sē esse Cupīdinis uxōrem. Cupīdo in hīs **somniīs** semper erat iuvenis pulcherrimus et dīcēbat "*Tē amō, uxor!*" et "***nēmō***[16] *est pulchrior quam tū! Tū **in tōtō orbe terrārum**[17] pulcherrima uxor es!*" Claudia numquam dīxerat quod in **somniīs** vīderat. Claudia invidiā et īrā maximā affecta est. Clāmāre et flēre et nocēre Psȳchae voluit.

"Quid tunc ēgistī? Tūne deum vulnerāvistī? Interfēcistīne eum?" Claudia clāmāns rogāvit.

"Nōn quidem interfēcī deum amōris ipsum, sed bāsia eī dedī. Hem, eum vulnerāvī," respondit Psȳchē.

"Quōmodo eum vulnerāvistī?" Claudia cum īrā rogāvit.

"Cum bāsia eī dabam, **oleō fervente**[18] eum vulnerāvī," Psȳchē respondit.

Psȳchē odiō Claudiae erat. Psȳchē erat uxor deī quem Claudia ipsa semper amābat. Psȳchē autem hunc deum

---

[14] Amazing to hear
[15] Dreams
[16] No one
[17] In the whole world
[18] With boiling hot oil

vulnerāverat! Claudia sorōrem pellere voluit, fortasse etiam eam interficere.

"Vulnerāvistī deum! Quōmodo id agerēs?!" Claudia flēns clāmāvit.

Psȳchē mīrābātur cūr Claudia valdē affecta sit. Subitō memoriā tenuit. Cum Claudia parva fuisset, ea semper Cupīdinem precāta erat et eum amāverat. Psȳchē erat trīstis quia Claudia numquam accēperat quid habēre voluisset, sed Psȳchē etiam dolōre affecta est quia Psȳchē ipsa odiō Claudiae erat. Semper sorōrēs suās amābat, sed sed nunc scīvit Claudiam et Tulliam nōn sē amāre.

Capitulum III

Psȳchē paulō īrātior erat quia Claudia ipsa clāmābat, sed Psȳchē etiam dolōre affecta est.

"Claudia, nonne tenē memoriā? Tū dīxistī mē eum interficere dēbēre. Erat cōnsilium tuum, et secūta sum," Psȳchē respondit.

Claudia haec audīre nōlēbat, sed dē Cupīdine audīre volēbat. Claudia nōn iam aequō animō erat, sed valdē īrā, dolōre, et amōre afficiēbātur. Claudia paene īnsāna erat.

"Quid tunc Cupīdo ēgit?" Claudia rogāvit.

"Cupīdo in silvam et in noctem fūgit. Eum cēpī, sed

Psȳchē īrāta erat quia Claudia clāmābat, sed Psȳchē etiam dolōre affecta est (Master of the Die).

11

ad terram **cecidī**.[19] Rogāvī ut Cupīdo mihi veniam daret, sed ā mē discessit," Psȳchē respondit.

Psȳchē flēre voluit, sed Claudia ipsa, valdē affecta, flēbat. Psȳchē timēbat nē Claudia Psȳchēn vulnerāret quia Claudia perīculōsa et īnsāna vidēbātur. Cum Psȳchē parva fuisset, ipsa trīstis fuerat quia numquam accēperat quid habēre voluisset, sīcut Claudia. Psȳchē numquam scīvit Claudiam invidiā affectam esse.

"Cupīdone ā tē discessit? Sed tū gravida es et mox eris māter. Quis nunc īnfantī tuō pater erit? Quis cibum et domum tibi dabit? Tūne adhūc uxor es?" Claudia rogāvit.

"Ego ipsa quidem nesciō," Psȳchē paulō īrātior inquit, "quia Cupīdo dīxit mē poenam datūram esse. Nōn marītō meō crēdidī, sed sorōribus meīs crēdidī. Fortasse, Cupīdo uxōrem mortālem novam dūcet. Fortasse tū ipsa eris uxor nova mortālis! Dabō poenam horribilem sī Cupīdo tē uxōrem dūcat."

Psȳchē omnia dīcere nōn poterat quia Claudia quam celerrimē ē domō īvit. Psȳchē mīrāta est **quō**[20] Claudia quam celerrimē fūgisset.

Claudia īnsāna erat et aequō animō nōn erat. Claudia valdē uxōrem Cupīdinis esse volēbat et Cupīdinem valdē dēsīderābat. Psȳchē odiō Claudiae semper erat. Psȳchē erat pulchrior quam Claudia, et tunc Psȳchē ab Cupīdine amābātur! Poena Psȳchae danda erat. Claudia ipsa, nōn Psȳchē, digna Cupīdine erat, et uxor nova

---

[19] I fell
[20] To where

mortālis Cupīdinis futūra erat. Claudia et ā marītō suō et ā domō suā discessit ut ad **rūpem**[21] prope domum Cupīdinis īret.

Apud **rūpem**, ventus erat, sed ventus Zephyrus nōn erat. Claudia īnsāna erat et amōre valdē affecta est. Scīvit ventum esse, sed nescīvit ventum nōn esse Zephyrum quī Claudiam ad domum Psȳchēs et Cupīdinis tulerat.

"Accipe mē," clāmāvit Claudia, "Cupīdo, dignam tibi uxōrem, et tū, Zephyre, accipe dominam novam!"

Claudia īnsāna statim sē **saltū**[22] maximō dedit. Claudia ad terram **cecidit**,[23] sed Zephyrus eam nōn accēpit. Cupīdo eam nōn uxōrem dūxit. Claudia mortua est. Animālia partēs corporis eius ēdērunt, ut Claudia meruerat quia ipsa erat serpēns.

Claudia sē saltū maximō dedit et ad terram cecidit. Animālia partēs corporis eius ēdērunt (Master of the Die).

---

[21] Cliff
[22] Leap
[23] Fell

Capitulum IV

Cupīdo ā Psȳchē in silvā discesserat. Ipse nescīvit **quō**[24] īret. Vulnerātus est corpore et animō, et trīstissimus erat quia Psȳchē nōn eī crēdiderat. Cupīdo dē uxōre suā et dē īnfante suō semper cōgitābat. Psȳchēn adhūc amābat et dēsīderābat, sed Psȳchē nōn **fidem praestiterat**.[25]

Cupīdo paulō īrātior erat. Ipse deus erat, sed nescīvit quid ageret. Voluerat Psȳchēn dare poenam, sed etiam veniam dare voluit. Psȳchē mortālis erat, et sorōribus crēdiderat. Sorōrēs eius pessimae erant. Mortālēs semper **tōtō caelō errābant**.[26] Psȳchēne veniā digna esset? Possentne habitāre ūnā in domō? Īnfānsne immortālis esset? Nescīvit.

Psȳchē eum **oleō fervente**[27] vulnerāverat. Cupīdo ipse numquam vulnerātus erat, et dolōre affectus est. Nōlēbat revēnīre domum suam in quā cum Psȳchē

---

[24] To where
[25] She had not been loyal
[26] They were making great mistakes. Literally, *they were erring by the whole sky*.
[27] With boiling hot oil

quam laetissimē habitāverat. Cupīdo ad domum mātris īvit, sed vidēre mātrem suam quidem nōlēbat.

Domus Veneris ēlegantissima erat, sed etiam multae memoriae erant in eā. Cum Cupīdo ad domum Veneris revēnisset, Cupīdo sibi vidēbātur esse fīlius, nōn iam marītus et iuvenis. Cupīdo mātrem amābat, sed nōn iam cum mātre habitāre volēbat. Cum uxōre suā habitāre volēbat. Psȳchēn valdē dēsīderābat.

Scīvit Venerem futūram esse īrātissimam et saevissimam quia Psȳchēn uxōrem dūxisse. Nunc Psȳchē etiam eum vulnerāverat. Nescīvit quid ageret, sed fessissimus erat. In lectō suō apud domum mātris, Cupīdo dormiēbat.

Cum Cupīdo revēnerat, columba Veneris eum vīderat. Nunc columba prope Cupīdinem dormientem erat.

"Psȳchēn!" Cupīdo dormiēns et flēns clāmāvit.

Columba Cupīdinem clāmantem audīvit.

"Uxōrem amātissimam!" Cupīdo dormiēns et flēns iterum clāmāvit.

Columba Cupīdinem clāmantem et flentem audīvit (Clker).

15

Columba Cupīdinem clāmantem iterum audīvit.

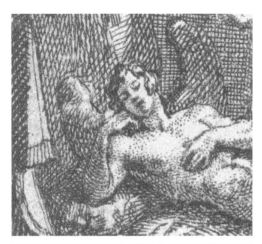

Cupīdo dormiēns et flēns dē uxōre et īnfante clāmābat (Hogarth).

"Nostrum īnfantem!" Cupīdo dormiēns et flēns iterum clāmāvit.

Columba mīrāns omnia quae Cupīdo dīxerat volāvit ut Venerī omnia dīceret. Cupīdo vulnerātus est, et uxōrem Psȳchēn dūxerat. Venus ipsa quidem nesciēbat, et futūra esset īrātissima et saevissima.

Capitulum V

Psȳchē ē domō Claudiae discesserat. Nescīverat **quō**[28] Claudia fūgisset. Psȳchē adhūc marītum suum invenīre volēbat. Per viās et per silvās et per cīvitātēs iterum errābat. Psȳchē sub arboribus in silvā dormiēbat, et fessissima erat. Psȳchē cibō et auxiliō carēbat, sed marītus eī inveniendus erat. Iūrāverat īnfantem suum futūrum esse immortālem.

Omnēs virī quī Psȳchēn vidēbant eam adhūc mīrābantur quia pulcherrima fēmina **in tōtō orbe terrārum**[29] erat. Sed omnēs etiam putābant Psȳchēn esse ancillam aut aliquam fēminam sine pecūniā, nōn fīliam rēgis et uxōrem deī. Psȳchē gravida erat, et valdē cibum edere volēbat.

Cum per multās cīvitātēs diū errāvisset, Psȳchē tandem vēnit ad aliam cīvitātem in quā Tullia et marītus habitābant. Psȳchē Tulliam vidēre nōlēbat. Psȳchē scīvit Tulliam esse serpentem pessimam et istam sorōrem

---

[28] To where
[29] In the whole world

17

numquam amāvisse Psȳchēn. Psȳchē scīvit Tulliam eam rīsūram esse.

Psȳchē cibō carēbat. Psȳchē fessissima erat, et cibum valdē edere voluit. Psȳchē omnibus carēbat, et mox māter futūra erat. Psȳchē ageret quid necesse esset. Cibus Psȳchae edendus erat. Quā dē causā, Psȳchē ad domum Tulliae īvit ut cibum et auxilium rogāret.

Cum Tullia Psȳchēn miserrimam et gravidam vīdit, Tullia rīdēre voluit, sed nōn rīsit. Tullia adhūc bona vidērī voluit.

Psȳchē cibum edere voluit, sed Tullia multa rogāvit (Master of the Die).

"Ō, soror, quid āctum est? Cūr vidēris sīcut ancilla? Interfēcistīne marītum tuum?" Tullia rogāvit.

Psȳchē valdē cibum edere voluit, sed respondit, "Nōn interfēcī eum, sed eum **oleō fervente**[30] vulnerāvī."

"Vīdistīne marītum? **Quālis**[31] marītus sit? Estne serpēns?" Claudia rogāvit.

"Nōn est, sed marītus meus est deus amōris ipse, Cupīdo," Psȳchē respondit.

---

[30] With boiling hot oil
[31] What sort

18

"**Mīrābile audītū!**[32] Putāvī quidem eum nōn esse deum sed serpentem maximum," Tullia dīxit.

"Nōn erat," Psȳchē dīxit. Psȳchē manum in abdōmine posuit. Dē īnfante suō semper cōgitābat. Psȳchē valdē cibum edere et in lectō dormīre voluit. Tullia abdōmen Psȳchēs spectāvit. Tullia īnfantem semper volēbat, sed nōn habuit. Tullia invidiā valdē affecta est. Psȳchē erat invidiae Tulliae quia Psȳchē gravida erat. Tullia invidiā et īrā et dolōre affecta est quia Psȳchē semper accēpit omnia quae Tullia ipsa habēre voluerat. Tullia aequō animō nōn erat.

"Eritne īnfāns tuus immortālis an mortālis?" Tullia cum invidiā rogāvit.

"Iūrāvī īnfantem nostrum futūrum esse immortālem," Psȳchē inquit, "sed quidem nesciō. Cupīdo dīxerat sī mē eī crēdere, īnfantem nostrum immortālem futūrum esse. Ego autem sorōribus meīs crēdidī."

"Sed cūr vidēris sīcut ancilla? Quid āctum est?" Tullia iterum rogāvit.

"Cupīdo dīxit mē nōn fidem praestāre et dēbēre poenam dare. Ā mē tunc in silvā discessit Cupīdo," Psȳchē respondit.

"Quā dē causā, īnfāns tuus mortālis erit," Tullia cum invidiā maximā dīxit.

---

[32] Amazing to hear

Tullia valdē īnfantem mortālem suum voluit. Deus autem auxilium eī dare posset, et tandem Tullia īnfantem habēre posset. Sī Cupīdo pater esset, Tullia ipsa īnfantem immortālem habēre posset! Habēre īnfantem immortālem esset optimum! Tullia invidiā et dolōre affecta est. Tullia paene īnsāna erat et aequō animō quidem nōn erat.

Psȳchē flēre incēpit quia fessa, gravida, et miserrima erat. Psȳchē cibō et auxiliō carēbat, et Psȳchē nōn iam putāvit Tulliam auxilium eī datūram esse. Psȳchē quidem dolōre affecta est, et dē īnfante suō et marītō suō cōgitābat.

"Iūrāvī! Iūrāvī īnfantem nostrum futūrum esse immortālem! Marītus meus mihi inveniendus est aut fortasse inveniet aliam mortālem quae māter īnfantī immortālis Cupīdinis sit," Psȳchē flēns clāmāvit.

Psȳchē flēbat quia fessa, gravida, et miserrima erat, et cibō et auxiliō carēbat (Davent).

Tullia quam celerrimē ā Psȳchē sine cibō discessit, et ē domō īvit. Tullia īnsāna erat. Tullia valdē īnfantēs volēbat, et Cupīdo deus amōris ipse erat. Īnfantēs immortālēs Cupīdinis habēre volēbat. Tullia ā marītō suō et ā cīvitāte suā discessit ut ad **rūpem**[33] prope domum Cupīdinis īret.

Apud **rūpem**, ventus erat, sed ventus Zephyrus nōn erat. Tullia īnsāna erat. Scīvit ventum esse, sed nescīvit ventum nōn esse Zephyrum.

Tullia sē saltū maximō dedit et prope Claudiam mortuam cecidit (Master of the Die).

"Accipe mē," clāmāvit Tullia, "Cupīdo, dignam tē uxōrem quae īnfantēs immortālēs tibi dabit, et tū, Zephyre, accipe dominam novam!"

Tullia statim sē **saltū**[34] maximō dedit. Sīcut Claudia, Tullia ad terram **cecidit**[35] quia ventus Zephyrus eam nōn accēpit, et mortua est. Tullia **cecidit** prope partēs Claudiae mortuae quae animālia nōn ēderant. Animālia etiam partēs corporis Tulliae ēdērunt.

Tullia et Claudia omnia quae meruerant accēpērunt. Et Psȳchē? Quid Psȳchē meruit quia fidem nōn praestiterat?

---

[33] Cliff
[34] Leap
[35] Fell

Capitulum VI

Columba quae Cupīdinem flentem et vulnerātum vīderat ad deam Venerem statim īvit. Venus aequō animō nōn vidēbātur, et columba timēbat nē Venus multō īrātior esset. Psȳchē odiō Venerī erat, quod omnēs mortālēs, immortālēs, et animālia scīvērunt.

Nunc autem Psȳchē erat uxor Cupīdinis, filiī Veneris! Psȳchē in familiā Veneris erat! Psȳchē erat **nurus**[36] Veneris. Cum Venus vērum scīret, quid Venus ageret?

Columba nescīvit quid Venus ageret (Clker).

"Dea Venus, pessimum mihi dīcendum est," columba dīxit.

"Quid vīs? Quid est istum pessimum?" Venus rogāvit.

"Ō dea benignissima, omnēs mortālēs diū putant tē et filium tuum in templīs amōris nōn esse—," columba dīcere incēpit.

---

[36] Daughter-in-law

"—rogāvī ut Cupīdo omnia ageret. Necesse est Cupīdinī omnia amōris agere. Dēbet in templīs esse."

"Dea, Cupīdo quidem in templīs nōn est quia nōn sunt novī amōrēs et nūptiae. Amor ipse in templīs et in terrā nōn est!" Columba dīxit.

"**Vae**,[37] ubī est fīlius meus? Necesse est eī haec agere," respondit Venus.

"Hem, dīcendum est mihi—" Columba dīcere incēpit.

Columba dīxit Venerī omnia quae audīverat (Master of the Die).

"—quā dē causā dīc!" Venus clāmāns iussit.

---

[37] Bah

"Cupīdo vulnerātus est," columba quam celerrimē inquit, "et in lectō apud domum tuam dormit. Dolor animō et corpore est maximus quia eum vulnerāvit ipsa... uxor."

"*UXOR*?!" Clāmāvit Venus īrātissimē et saevissimē. "Uxōrem iste fīlius meus dūxit? Quam nesciō? Possem pellere eum!"

Venus īrātissima et saevissma erat quia Cupīdo uxōrem Psȳchēn dūxit (Dente).

"Hem, uxōrem quidem habet. Cupīdo iuvenis est, paene vir," respondit columba.

"**Vae**![38] Fīlius stultus meus est paene iuvenis, quidem nōn vir! Dīc mihi, columba, nōmen istae uxōris quae fīlium meum vulnerāvit! Ista fēmina poenam dabit. Fīlius stultus etiam poenam dabit quia hanc poenam meruit. Cupīdo uxōrem sine mē numquam dūcere dēbuisset. Nunc, dīc mihi nōmen!" Venus iussit.

"Cum Cupīdo dormiēbat, ille clāmāvit nōmen... Psȳchēs," columba cum paulō terrōris dīxit.

"*Psȳchē*!" Clāmāvit saevissimē Venus.

---

[38] Bah

Columba nihil dīxit.

"Iste fīlius Psȳchēn vērē amat? Uxōrem dūxit istam? Iussī Cupīdinem facere pessimum amōrem ut Psȳchē esset uxor pessimī virī!" Venus clāmāvit.

"Dea, Cupīdo nōn est vir... est deus. Fortasse est vir pessimus. Cupīdo uxōrem Psȳchēn valdē amat," columba respondit.

"**Vae!**[39] Fīlius meus fidem nōn praestat, et vulnerātus est, ut meruit! Nocēbō iterum fīliō stultō! Dīc mihi omnia!" Venus maximā īrā affecta clāmāvit.

Et columba dīxit omnia dē Cupīdine et uxōre suā. Columba timēbat quia Venus paene īnsāna vidēbātur. Psȳchē odiō Venerī erat, et nunc **nurus**[40] erat. Psȳchē autem Cupīdinem vulnerāverat, Cupīdo uxōrem Psȳchēn dūxerat, et Venus omnia nescīverat.

---

[39] Bah
[40] Daughter-in-law

Capitulum VII

Venus fīlium dormientem et vulnerātum in lectō invēnit. Venus Cupīdinem pepulit ut eum excitāret.

"Stulte!" Clāmāvit Venus.

Cupīdo mātrem maximā īrā affectam vīdit. Cupīdo statim scīvit mātrem dē uxōre scīre. Venus iterum eum pepulit.

"Ēgistī pessimum! Nōn cōnsilium meum secūtus es! Psȳchē pessimum virum amāre dēbuisset! Sed tū ipse, deus amōris, uxōrem dūxit! Ista mortālis nōn tē digna est! Iussī tē facere eam amāre virum pessimum!" Venus saeva clāmāvit.

Venus Cupīdinem pepulit et clāmāvit, "stulte!" (Master of the Die).

"Nōn potuī sequī tē. Cum eam vīdī, statim eam amāvī," respondit Cupīdo.

"Stulte! Nescīs quid sit amor," Venus dīxit.

Cupīdo erat iuvenis et paene vir (Thuman).

"Māter, ego sum iuvenis, quidem paene vir, et deus amōris," dīxit Cupīdo. "Sciō quid amor sit, et amō uxōrem meam. Dā mihi veniam quia sciō Psȳchēn odiō tibi esse. Psȳchē autem est nurus tua quia Psȳchē est uxor mea et ego sum fīlius tuus."

"**Vae**![41] Et ista Psȳchē nōn tibi crēdidit! Nōn fidem praestitit. Ista fēmina autem mortālis est. Discessistī in silvā ā istā. Iubeō tē nōn revēnīre. Psȳchē inveniet alium marītum quī pessimus vir erit!"

"Psȳchē est mortālīs," inquit Cupīdo, "et mortālēs **tōtō caelō errāre**[42] possunt. Psȳchē alium amōrem nōn inveniet. Mē amat. Psȳchē sagittās meās tetigit."

"Stulte, tū fīlius meus nōn es! Habeō quidem alterum et **meliōrem**[43] fīlium quī uxōrem **meliōrem** dūceret et nōn nurum pessimam mihi daret. Servum fortasse adoptābō quia servus erit **melior** fīlius quam tū."

---

[41] Bah

[42] To err greatly. Literally, *to err by the whole sky.*

[43] Better

27

"Māter, veniam mihi dā. Psȳchē nōn iam tē vulnerat. Virī nōn iam mīrābantur Psȳchēn quia apud domum meam, quae nōn prope cīvitātēs est, habitat. Virī et fēminae nunc faciunt sacrificia tibi, deae amōris, in templīs tuīs."

"Hahahae," rīsit saevissimē Venus.

"Cūr rīdēs?" Cupīdo rogāvit.

"Quia putās Psȳchēn adhūc apud domum tuam esse. Ista autem sine cibō et sine auxiliō per viās, per silvās, per agrōs, et per cīvitātēs errat. Psȳchē tua vidētur sīcut ancilla, nōn uxor deī. Sed omnēs virī adhūc eam mīrantur. Stulta fēmina mortālis tē invenīre vult," Venus dīxit.

Cupīdo dolōre maximō affectus est. Uxor gravida errābat quia ipse ab eā discesserat. Nunc sōla erat. Quid ēgerat? Cūr ab eā sine auxiliō discesserat? Uxor eius cibō et auxiliō carēbat. Cupīdo ē lectō īre voluit, sed vulnerātus est.

"Ego fortasse dabō fīliō novō adoptātō meō **arcum**[44] et sagittās ipsās, quās tibi dederam," Venus saevissima dīxit.

"**Arcū** et sagittīs ipsīs ūtor," Cupīdo respondit.

---

[44] Bow

Venus voluit capere arcum et sagittās et dare eōs novō fīliō (Bos).

"Ego tibi eōs nōn dedī ut tū male ūtī possēs! Nōn dedī omnia tibi ut tū istam uxōrem dūcerēs! Putāsne mē esse stultam deam quam sagittīs pellere potes?"

"Ego quidem tē sagittīs numquam pellam. Es māter mea," respondit Cupīdo.

"Rīdiculus es. Putās mē esse stultam! Quā dē causā, tū aliās fēminās marītō meō dedistī! Īrātissima sum! Quid agam? Dīcam tibi quid agam! Faciam nūptiās esse malās," clāmāvit Venus.

"Nūptiae nostrae malae nōn sunt," respondit Cupīdo.

"Nūptiae tuae quidem malae sunt! Nōn sunt aequae. Psȳchē mortālis est, sed tū immortālis est," Venus rīsit.

"Sed Psȳchē est fīlia rēgis. Est uxor mea," Cupīdo dīxit.

"Immortālis deus nōn potest dūcere uxōrem quae est mortālis fīlia rēgis. Nūptiae nōn sunt aequae. Tū et uxor poenās dabunt!" Venus clāmāvit.

Venus īrātissima et saevissima erat. Nūptiae nōn erant aequae quia Psȳchē mortālis est, sed Cupīdo adhūc dīcēbat Psȳchēn esse uxōrem. Venus quam celerrimē ē domō et ab fīliō vulnerātō ad inveniendum Psȳchēn īvit. Psȳchē odiō maximō Venerī erat, et Venus īrā maximā affecta est. Voluit nocēre Psȳchae, fortasse interficere eam.

Psȳchē odiō maximō Venerī erat, et Venus ipsa voluit nocēre Psȳchae (Dente).

Sī Psȳchē mortua esset, Psȳchē nōn iam uxor Cupīdinis et nurus sua esset. Venus cōnsilium horribile cēpit.

Capitulum VIII

Venus Psȳchēn invenīre voluit ut Psȳchē poenam daret. Venus per multās viās, per multās silvās, et per multās cīvitātēs ībat, sed dea Psȳchēn invenīre nōn poterat. Venus iussit columbās et aliōs servōs ut Psȳchēn invenīrent.

In Monte Olympō, deae Cerēs et Iūnō Venerem saevissimam vīdērunt (Dente).

Cum Venus ad Montem Olympum revēnit, vīdit deās Iūnōnem et Cererem.

"Salvē, Venus. Quōmodo tē habēs? Esne bona? Vidēris paulō īrāta," Iūnō dīxit.

"Īrātissima sum!" Venus clāmāvit.

"Cūr īrātissima es?" Cerēs rogāvit.

"Iste fīlius meus Psȳchēn, mortālem quae odiō maximō mihi est, uxōrem dūxit!" Venus iterum clāmāvit.

"Scīmus. Tūne vērē nescīvistī? Omnēs deī et deae dē Psȳchē sciunt. Cupīdo uxōrem habet, et tū nurum habēs," dīxit Cerēs.

"Fīlius meus est stultus!" Clāmāvit Venus multō īrātior quia Iūnō et Cerēs dē Psȳchē scīverant.

"Amor stultus esse potest," Iūnō cōgitāns dē Iove dīxit.

"Cupīdo quidem est iuvenis," inquit Cerēs, "et paene vir."

"**Vae**! Est fīlius, et nōn est iuvenis! Vir quidem nōn est. Stultus scīre nōn potest quid amor sit," Venus clāmāvit.

"Cupīdo quidem vellet fēminam pulcherrimam amāre et uxōrem dūcere! **Quālis**[45] vir aut deus Psȳchēn uxōrem dūcere nōn velit?" Cerēs rīsit.

Venus nōn putāvit Cupīdinem esse iuvenem, sed fīlium stultum (Thuman).

---

[45] What sort

"Psȳchē, ista nurus mea, est mortālis! Psȳchē etiam mē vulnerāvit quia omnēs virī et fēminae eam mīrābantur et sacrificia eī faciēbant. Et fīlius mē nōn secūtus est. Quid agam?" Venus rogāvit.

"Nūptiae sunt optimae. Fortasse nurum accipere possīs. Fortasse sī Psȳchē uxor Cupīdinis sit, omnēs virī nōn iam sacrificia Psȳchae faciant. Ut putō, multī virī et fēminae facientēs sacrificia ad templa tua revēnērunt. Virī et fēminae quidem nōn iam sacrificia Psȳchae faciunt," respondit Iūnō.

Venus scīvit virōs ad templa sua revēnerant, sed Psȳchē adhūc odiō eī erat.

"Nōn possum accipere istam nurum. Psȳchē odiō mihi est. Nūptiae autem aequae nōn sunt. Psȳchē est **melior**[46] ancilla deae, nōn nurus deae!" Venus clāmāvit.

"**Tēcum stō**[47] dē nūptiīs," Cerēs inquit, "Psȳchē mortālis est, sed Cupīdo deus est. Nūptiae aequae esse dēbent... sed Cupīdo eam valdē amat."

"Cupīdo est stultus. Psȳchē ipsa nōn fidem praestitit quia eum vulnerāvit," Venus dīxit.

"Psȳchē quidem malum ēgit et **tōtō caelō errāvit**,"[48] Iūnō dīxit.

---

[46] Better
[47] I agree with you
[48] She erred greatly. Literally, *she erred by the whole sky*

"Sed vidētur mihi Cupīdinem adhūc eam amāre," Cerēs dīxit.

"**Vae**!⁴⁹ Hoc dīxistī! Cupīdo pessimus et stultissimus fīlius est! Nōn eam amat! Amor est magnus, et ista Psȳchē amōre digna nōn est!" Venus clāmāvit.

"Tū ipsa dea amōris es. Cūr condemnās amōrem fīliī tuī?" Rogāvit Cerēs.

"Iste amor vērus nōn est. Quā dē causā, condemnō et amōrem et fīlium stultum et istam fēminam mortālem," Venus dīxit.

Venus īrā maximā affecta est (Dente).

Iūnō Cererem spectāvit. Iūnō et Cerēs nescīvērunt quid dīcerent. Venus īrā maximā affecta est, et Psȳchē odiō Venerī erat. Nūptiae Cupīdinis et Psȳchēs etiam nōn aequae sunt. Psȳchē mortālis erat. Cum Iūnō et Cerēs nihil respondērent, Venus scīvit deās **sēcum stāre**.⁵⁰

"Rogō," Venus inquit, "ut auxilium mihi dētis. Ego istam Psȳchēn invenīre volō ut Psȳchē poenam daret. Omnia mala meret."

---

⁴⁹ Bah
⁵⁰ Agreed with her

"**Quāle**[51] auxilium tibi dare possumus?" Cerēs rogāvit.

"Dēbētis," inquit Venus, "numquam dare auxilium Psȳchae sī ista nurus auxilium rogat."

"Est difficile mihi nōn dare auxilium sī fēmina mē precātur," Iūnō respondit.

"Esset difficilius tibi," inquit Venus saevissima, "sī Iuppiter invenīret fēminam novam quam valdē amābat. Tenē memoriā: Ego sum dea amōris, fīlius meus sagittās amōris habet, et Cupīdo eīs ūtitur quōmodo eum rogem."

Iūnō et Cerēs nōn laetae erant, sed timēbant nē Cupīdo ipse sagittīs ūterētur. Iūnō et Cerēs etiam putābant nūptiās nōn esse aequās. Psȳchē erat mortālis, et quā dē causā, nōn erat uxor vēra. Cupīdo **tōtō caelō errāverat**,[52] et Venus erat saevissima deōrum et deārum.

"Nōn auxilium Psȳchae dabō," Iūnō dīxit.

"Ego etiam auxilium Psȳchae nōn dabō," Cerēs dīxit.

"Iūrāte," Venus iussit.

"Iūrō per **Stygem**[53] mē Psȳchae auxilium nōn datūram esse," Cerēs dīxit.

---

51 What sort
52 Had erred greatly. Literally, *had erred by the whole sky*.
53 When the gods and goddesses swore, they swore by the river Styx.

"Ego etiam per Stygem iūrō," Iūnō dīxit.

Venus discessit ad inveniendum Psȳchēn.

Capitulum IX

Psӯchē ambulābat per multōs agrōs et per multās silvās ut marītum suum invenīret. Errābat per omnēs viās et multās cīvitātēs. Psӯchē etiam nocte errābat! Flēbat quia nōn marītō suō crēdiderat sed sorōribus suīs. Nunc familiam et marītum nōn habuit. Timēbat nē esset sōla. Timēbat ut marītum invenīret.

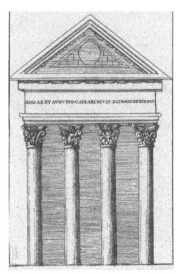

Psӯchē templum vīdit, et illud templum ēlegans in monte erat.

"Mīror dē illō templō. Estne templum Cupīdinis? Fortasse, sī sit templum Cupīdinis, marītum in illō templō inveniam," Psӯchē mīrāta est et spērāvit.

Psӯchē fuerat fessissima quia diū ambulābat, sed nunc Psӯchē celerius ad templum ambulāvit. Cum ad templum vēnit, Psӯchē

Psӯchē templum vīdit et spērāvit id esse templum Cupīdinis (Luyken).

erat trīstis quia nōn erat templum Cupīdinis, sed Cereris. In hōc templō, virī quī in agrīs labōrābant dōna deae Cererī dabant. Haec dōna erant omnia quibus virī in agrīs ūtēbantur. Virī etiam multum frūmentum dabant.

Quia virī multa in agrīs agēbant, virī omnia dōna quam celerrimē in templō posuerant. Quā dē causā, templum nōn iam vidēbātur sīcut templum bonum. Psȳchē erat optima uxor quae deōs et deās amābat et precābātur. Volēbat Cererem templum bonum habēre.

Psȳchē omnia genera dōnōrum ūnā posuit. Psȳchē ūnā posuit omnia quibus virī ūtēbantur in agrīs. Tunc Psȳchē frūmentum ūnā posuit. Psȳchē putāvit templa bona esse dēbēre. Psȳchē precāta est etiam ut Cerēs auxilium daret.

Cerēs Psȳchēn labōrantem in templō spectāvit.

"Miserrima Psȳchē," inquit Cerēs, "cūr in templō meō labōrās? Nonne tū scīs deam Venerem esse īrātissimam et saevissimam? Venus tē invenīre vult, et tū apud templum meum labōrās? Cūr?"

"Ō bona dea frūmentōrum, ad templum tuum vēnī ut invenīrem marītum meum. Nōn in templō est, sed vīdī omnia dōna quae virī tibi dedērunt. Ego tibi omnia genera dōnōrum ūnā posuī. Sed, ō dea benignissima, scīsne ubī marītus meus sit?" Psȳchē rogāvit.

"Miserrima Psȳchē, sciō quidem ubī sit Cupīdo. Iūrāvī autem per Stygem mē tibi auxilium nōn datūram esse. Nōn possum auxilium dare. Vidēris mihi esse uxor bona et fēmina benigna, sed adhūc mortālis es. Cupīdo est immortālis," Cerēs dīxit.

Cerēs dīxit nūptiās Psȳchēs nōn esse aequās, et Psȳchē terrōre affecta est (Master of the Die).

"**Quid refert**?[54] Nonne Cupīdo adhūc est marītus meus?" Psȳchē rogāvit.

"Nūptiae tuae," inquit Cerēs, "nōn sunt aequae. Nōn licet tibi esse uxor Cupīdinis quī immortālis deus est."

Psȳchē valdē terrōre affecta est. Nonne erat uxor Cupīdinis et fīlia rēgis? Iūrāverat īnfantem suum futūrum esse immortālem et Cupīdinem futūrum esse patrem. Psȳchē nihil dīcere potuit, sed flēvit.

---

[54] What does it matter?

Cerēs iussit Psȳchae ut ā templō discēderet. Cerēs auxilium nōn dedit (Caraglio).

"Miserrima Psȳchē, Venus est īrātissima. Vult invenīre tē ut tū poenam dēs. Nōn possum auxilium tibi dare, sed nōn iūrāvī mē datūram esse auxilium Venerī. Venus est pars familiae meae, sed **tōtō caelō errat**.[55] Tū **meliōra**[56] merēs, sed dēbēs fugere ā templō meō," Cerēs dīxit.

Psȳchē ē templō discessit et iterum ambulāre incēpit. Per viās, per agrōs, et per cīvitātēs ambulābat. Sub arboribus in silvā dormiēbat, et paulum cibī edēbat. Psȳchē fessissima erat, et pecūniā carēbat. Psȳchē gravida manum in abdōmine suō posuit, et sub lūnā in silvā nocte flēvit.

---

[55] She errs greatly. Literally, *she errs by the whole sky.*
[56] Better things

Capitulum X

Psȳchē diū in silvā ambulābat. Psȳchē tandem templum parvum spectāvit. Templum erat ēlegantissimum, et Psȳchē īvit ad templum ut auxilium rogāret.

Psȳchē iterum spērāvit Cupīdinis templum esse, sed nōn esse. In templō, Psȳchē spectāvit "Iūnōnī," et scīvit templum Iūnōnis esse. In templō Iūnōnis, Psȳchē multa dōna spectāvit, sed Psȳchē dōnum nōn habuit. Psȳchē īvit ad **imāginem**[57] Iūnōnis, flēvit, et precāta est.

Psȳchē spērāvit templum Cupīdinis esse, sed erat templum Iūnōnis (Luyken).

"Ō Iūnō, soror et uxor Iovis, benignissima dea, rogō ut tū auxilium mihi dēs. Ego valdē fessissima sum, et cibum edere volō. Mox erō māter, et marītus

---

[57] Image

meus inveniendus mihi est. Sciō tē auxilium dare uxōribus et mātribus," dīxit precāns Psȳchē.

Subitō, Iūnō in templō erat.

"Ō miserrima Psȳchē," inquit Iūnō, "audiō tē precantem. Ego semper volō dare auxilium fēminīs quae mihi precantur, sed nōn possum. Iūrāvī per Stygem mē tibi nōn datūram esse auxilium. Venus etiam dīxit tē esse ancillam."

"Dea, nōn ego ancilla sum," respondit Psȳchē. "Ego sum uxor Cupīdinis."

"Fēmina trīstissima, tū mortālis es, sed Cupīdo est immortālis. Nūptiae nōn sunt aequae. Nesciō cūr Cupīdo tē amet quia tū eum vulnerāvistī, sed adhūc tē amat. Nūptiae autem nōn sunt aequae," dīxit Iūnō.

"Nonne Cupīdo adhūc mē amat?!" Psȳchē spērāns rogāvit.

Iūnō nihil dīxit.

"Ō optima dea, ubī est marītus meus?" Psȳchē rogāvit.

"Ego nōn possum dare auxilium tibi quia iūrāvī! Dēbeō capere tē quia Venus tē invenīre vult. **Meliōra**[58] merēs, sed Venus vult nocēre tibi," Iūnō dīxit.

"Quid agam, dea?" Psȳchē flēns rogāvit.

---

[58] Better things

"Miserrima Psȳchē," Iūnō inquit, "Venus tē tandem inveniet. Tū dēbēs īre ad domum Veneris ut poenam dēs. Discēde nunc ē templō meō. Iūrāvī mē auxilium nōn datūram esse."

Iūnō Psȳchae auxilium nōn dedit, et dīxit Psȳchēn ad domum Veneris īre dēbēre (Master of the Die).

Psȳchē flēns iterum ē templō discessit. Psȳchē sōla et gravida erat. Deae ipsae auxilium dare nōn poterant quia iūrāvērant per Stygem. Venus tandem Psȳchēn invenīret. Subitō, Psȳchē incēpit ambulāre ad domum Veneris.

"**Quid nī?**"[59] Psȳchē sē rogāvit. "Habeō nihil, omnibus careō, et fortasse apud domum Veneris,

---

[59] Why not?

marītum meum inveniam. Et Cupīdo est marītus meus. Nūptiae quidem aequae sunt quia fīlia rēgis sum."

Psȳchē iterum manū abdōmen tetigit. Spērāvit sē mox vīsūram esse Cupīdinem. Psȳchē īvit ad videndum Venerem. Fortasse dēbuisset īre ad videndum **socrum**[60] Venerem cum Cupīdo ab eā discessisset. Psȳchē scīvit sē posse nocērī ab Venere. Ageret autem omnia ut vidēret amātum marītum.

Psȳchē flēns et sōla ad domum Veneris īvit (Davent).

---

[60] Mother-in-law

Capitulum XI

Venus īrā magnā affecta est quia Psȳchēn invenīre nōn potuit. Venus domum suam revēnit quia Psȳchēn nōn invēnit. Venus dīxerat sē datūram esse bāsium mortālī aut immortālī quī Psȳchēn invēnit. Omnēs mortālēs et immortālēs Psȳchēn invenīre volēbant. Sed **nēmō**[61] bāsium Veneris accēpit quia Psȳchē ipsa ad Venerem īvit.

Apud domum Veneris, Psȳchē terrōre affecta est, sed adhūc īvit ad videndum Venerem. Ancilla Veneris, nōmine **Cōnsuētūdō**,[62] Psȳchēn venientem spectāvit.

"Psȳchē, tū es ancilla pessima!" Cōnsuētūdō clāmāvit.

"Quid dīxistī? Nōn ego sum ancilla, sed nurus deae Veneris. Vēnī ut salūtem deam et socrum meam. Ī et dīc Venerī mē vēnisse," Psȳchē dīxit.

---

[61] No one
[62] Apuleius uses this name for this slave girl. It can mean habit and tradition

"Hahahae," rīsit Cōnsuētūdō.

Psȳchē incēpit dīcere aliquid, sed Cōnsuētūdō clāmāvit: "Putās tē esse nurum deae Veneris! **Errās tōtō caelō**![63] Tū es ancilla fugiēns! Venus dea ipsa hoc dīxit! Tū tandem memoriā tenēs tē dominam, deam Venerem, habēre. Revēnistī! Mox precāberis ut Plūtō ipse tē mortuam accipiat. Tū quidem poenam dabis quia vulnerāvistī Venerem et fīlium eius!"

Nunc Psȳchē nihil dīxit quia Cōnsuētūdō eam cēpit et per domum ferēbat. Cum Venus Psȳchēn spectāvit, Venus saevissimē rīsit. Venus tandem habuit quam vulnerāre voluit.

Psȳchē incēpit dīcere aliquid, sed Cōnsuētūdō eam pepulit.

"**Ssst**,[64] ancilla, licet tibi dīcere nihil!" Cōnsuētūdō clāmāvit et iterum Psȳchēn pepulit.

"Cōnsuētūdō, ancilla optima et crēdita," Venus rīdēns inquit, "tū mihi fidem praestās. Tū es melius quam ista ancilla fugiēns quae vulnerāvit mē et fīlium meum."

"Ō dea et socrus mea, nōn ego sum ancilla, sed nurus tua. Vēnī ut salūtem tē. Ego sum uxor fīliī tuī, deī Cupīdinis, et erō māter īnfantis immortālis Cupīdinis," Psȳchē dīxit.

"Tū tandem vēnistī ad salūtandum socrum tuam? Fortasse vēnistī ad videndum marītum quem

---

[63] You err greatly. Literally, *you err by the whole sky.*
[64] Shh

vulnerāvistī? Ego quidem tē gravidam vidēre possum," Venus dīxit.

"Vēnī ad salūtandum tē et ad videndum marītum. Estne Cupīdo apud tē? Quōmodo sē habet?" Psȳchē spērāns rogāvit.

"Aliud cūrā,[65] ancilla. Tē accipiam ut socrus nurum accipere dēbet," Venus dīxit et saevissimē rīsit.

Psȳchē terrōre maximō affecta est. Vēnerat ad salūtandum socrum, et spērābat vidēre marītum. Psȳchē Cupīdinem valdē amābat, et iūrāverat īnfantem futūrum esse immortālem. Psȳchē valdē familiam esse volēbat. Psȳchē timēbat nē Cupīdo nōn iam uxōrem amāret. Psȳchē etiam timēbat nē daret poenam horribilem.

Psȳchē odiō maximō Venerī erat, et Venus ipsa erat saevissima deōrum et deārum (Dente).

"Ubī sunt," inquit Venus, **"Sollicitūdō** et **Tristitiēs,**[66] ancillae meae?"

Cum Sollicitūdō et Tristitiēs vēnērunt, Venus iterum rīsit. Vidēbātur paene īnsāna. Venus volēbat nocēre

---

[65] Don't worry

[66] Apuleius gave these names to Venus' slaves, and they can mean anxiety and sadness. They are personifications of pain and grief.

Psȳchae. Fortasse Venus etiam istam fēminam interficeret. Psȳchē odiō Venerī erat.

"Ancillae meae, ista fēmina, nōmine Psȳchē, est **mendāx**.[67] Psȳchē dīcit sē esse uxor fīliī meī. Dīcit sē futūram esse mātrem et Cupīdinem futūrum esse patrem. Dēbet dare poenam horribilem quia ista fēmina vulnerāvit mē et fīlium meum. Nōn est uxor Cupīdinis, sed ancilla mea fugiēns. Pellite eam," Venus iussit.

Psȳchē incēpit clāmāre, sed Sollicitūdō et Tristitiēs eam pellēbant. Sollicitūdō et Tristitiēs—horribile dictū—Psȳchēn flentem manibus pellēbant. Cum Venus

Sollicitūdō et Tristitiēs Psȳchēn pellēbant, et Venus rīdēns saevissimē spectābat (Master of the Die).

---

[67] Liar

Psȳchēn abdōmen dēfendentem spectāvit, Venus saevissimē rīsit. Psȳchē flēvit et flēvit, et manūs in abdōmine posuit.

Ancillae tandem Psȳchēn nōn iam pellēbant. Iterum Venus saevissimē rīsit.

"Miserrima et pessima gravida ancilla, merēs omnia quae accēpistī quia es **mendāx**![68] Nocēbō tibi, et tū odiō mihi es. Ut putō, tū etiam odiō Cupīdinī es," Venus dīxit.

Venus nōlēbat vidērī sīcut **āvia**, sed dea iuvenis (Master of the Die).

Psȳchē flēvit, sed nihil dīxit. Psȳchē manum in abdōmine posuit. *Iūrāverat...*

Venus iterum spectāvit Psȳchēn pōnentem manum in abdōmine, et īrā maximā affecta est.

"Tū es gravida, et dīxistī tē mox futūram esse mātrem. Vērēne ego erō **avia**?[69] **Nēmō**[70] vult precārī **aviam**. Egone **avia** īnfantis cuius māter est ancilla? *Nōn erō!*" Venus clāmāvit.

---

[68] Liar
[69] Grandmother
[70] No one

Psȳchē adhūc nihil dīcēbat, sed flēbat.

"Nōn erō **avia**,"[71] Venus cum īrā inquit, "quia nūptiae tuae nōn sunt vērae. Tū es mortālis, sed Cupīdo est deus. Nūptiae nōn sunt aequae. Quā dē causā, nūptiae tuae nōn sunt lēgitimae, et īnfāns tuus nōn erit lēgitimus... sī īnfantem nōn interficiam."

Subitō, Psȳchē terrōre et īrā affecta est.

"Interficerēsne īnfantem Cupīdinis?" Psȳchē rogāvit.

"Possem interficere eum. Fortasse pater īnfantis est servus. Quōmodo sciō an sit fīlius Cupīdinis?" Respondit Venus.

"Est fīlius Cupīdinis! Sum uxor bona!" Psȳchē clāmāvit.

"Nōn es uxor Cupīdinis!" Venus saevissima clāmāvit.

Psȳchē odiō Venerī erat. Venus ipsa Psȳchēn pellēbat et eī nocēbat. Tandem, Venus Psȳchēn nōn iam pepulit.

"Tū nōn iam es pulcherrima fēmina **in tōtō orbe terrārum**,[72] sed turpis es. Es ancilla pulsa, et pessima merēs. Tū numquam erās uxor Cupīdinis, et fīlius tuus numquam patrem habēbit," Venus dīxit.

Psȳchē nescīvit quid ageret, sed scīvit sē nōn esse ancillam turpem. Nescīvit an Cupīdo adhūc eam amāret, sed scīvit fīlium suum habitūrum esse patrem.

---

[71] Grandmother
[72] In the whole world

"Ancillae, venīte. Capite istam ancillam, et dūcite eam ad cellam parvam. Nōn date cibum eī," Venus iussit.

Psȳchē miserrima flēbat, et secūta est ancillās ad cellam parvam. Nox vēnit, et lūna sē excitāvit. Psȳchē autem lūnam vidēre nōn poterat. Psȳchē nōn dormiēbat. Psȳchē nescīvit, sed Cupīdo etiam nōn dormiēbat quia cōgitābat dē uxōre et īnfante suō.

Psȳchē flēns nescīvit Cupīdinem cōgitāre dē eā et īnfante (Davent).

Capitulum XII

Lūna dormīvit, et sōl sē excitāvit. Tristitiēs et Sollicitūdō Psȳchēn cēpērunt, et ad videndum Venerem in aliā cellā īvērunt. Cum Venus Psȳchēn spectāvit, rīsit saevissimē. Psȳchē timēbat nē pellerētur iterum. Psȳchē autem ageret quid necesse esset. Īnfāns suus esset immortālis, et Cupīdo esset pater.

"Tūne adhūc putās tē esse uxōrem deī? Nōn vidēris sīcut fīlia rēgis et uxor Cupīdinis quia nōn es! Vērē, tū es ancilla mea, et possum agere tēcum omnia quae velim," dīxit Venus.

"Ō, dea amōris, tū es socrus mea, ego sum nurus tua, et īnfāns est fīlius Cupīdinis. Vēra dīcō, et vērē nōn sum ancilla tua," Psȳchē dīxit pōnēns manum in abdōmine.

Venus maximā īrā affecta est. Psȳchē odiō Venerī erat, et adhūc volēbat eī nocēre.

"Stulta ancilla" inquit Venus, "ego fortasse tē vendere dēbeō. Tū nōn iam es pulchra quia pulsa et gravida es. Es turpis!"

Psȳchē nescīvit quid dīceret. Nōn putāverat sē vendī posse. Nōn erat ancilla! Quis autem Psȳchae crēderet ubī dea ipsa dīxit Psȳchēn ancillam esse? Nunc Psȳchē valdē timēbat nē socrus sua eam venderet. Sī Psȳchē venderētur, numquam marītum vidēret. Psȳchē Venerī nōn vendenda erat! Psȳchē ageret quid necesse esset.

"Nesciō," inquit Venus, "an labōrēs bene. Ego quidem sciō tē fidem nōn pracstārc ct tē stultam cssc. Sī tē vendam, multam pecūniam nōn accipiam."

"Ego bene labōrō, et mihi placet lānam facere," respondit Psȳchē.

"Vidēbimus sī labōrēs bene. Sī labōrēs bene, fortasse nōn tē vendam. Sī labōrēs pessimē, tē pellam. Tē fortasse adhūc pellam sī bene labōrēs. Tū nunc es ancilla mea, et possum pellere tē ubī velim," dīxit Venus.

Placet Psȳchae lānam facere (North).

Tunc Venus multa genera frūmentōrum cēpit et omnia genera frūmentōrum ūnā posuit. Erant **tot**[73] genera frūmentōrum ut virī quī in agrīs labōrābant nōn possent scīre omnia genera frūmentōrum.

---

[73] So many

53

"Ecce," inquit Venus, "est labor tuus. Necesse est tibi **singula**[74] genera frūmentōrum ūnā pōnere. Sī tū omnia genera frūmentōrum ūnā pōnās, tē nōn vendam. Revēniam nocte ut videam labōrem tuum."

Saevissima Venus rīsit et ē cellā parvā discessit. Psȳchē labōrem suum nōn incēpit. Erant **tot**[75] genera frūmentōrum ut Psȳchē numquam ūnā pōnere posset. Hunc labōrem numquam agere posset. Labor erat magnus. Psȳchē timēbat nē vērē ancilla esset et dominam novam habēret. Sī Psȳchē venderētur, Psȳchē nōn iam esset fīlia rēgis et uxor Cupīdinis. Fīlius eius etiam servus

"Ecce," Venus inquit, "est labor tuus." Psyche vidit omnia genera frumentorum (Master of the Die).

esset. Psȳchē sōla in cellā parvā flēbat.

Psȳchē autem nōn vērē sōla in cellā erat. **Formīcula illa parvula**[76] Psȳchēn flentem spectāvit et auxilium eī dare voluit. Formīcula illa parvula scīvit labōrem esse magnum et Venerem esse saevissimam. **Quālis**[77] socrus nurum suam venderet?

---

[74] One at a time, individual

[75] So many

[76] The dear little ant. Apuleius describes the ant in this way to indicate her small size.

[77] What sort

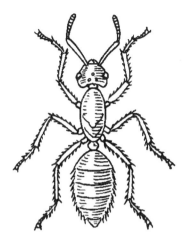

Formīcula illa parvula clāmāvit, "**Formīcae**,[78] venīte! Venīte! Date auxilium Psȳchae miserrimae, fēminae pulcherrimae et benignissimae et uxōrī Cupīdinis. Venus eam vendet sī nōn auxilium accipiētur! Nōn potest agere hunc labōrem quem possumus agere celerrimē! Venīte et date auxilium!"

Formīcula illa parvula auxilium Psȳchae dare volēbat (OpenClipart).

Formīcae quam celerrimē ē terrā discessērunt ut **singula**[79] genera frūmentōrum ūnā pōnerent. Cum Psȳchē omnēs formīcās labōrantēs vidēret, Psȳchē valdē mīrāta est. Formīcae labōrābant, et Psȳchē nōn iam flēbat.

Psȳchē clāmāvit, "Ego grātiās vōbīs agō!"

Omnibus generibus frūmentōrum ūnā positīs, omnēs formīcae in terram revēnērunt, sed formīcula illa parvula aliquid Psȳchae dīcere voluit.

"Praesta fidem," inquit formīcula illa parvula, "marītus tuus adhūc tē amat et dēsīderat. Cupīdo adhūc vulnerātus est, et est apud domum Veneris. Venus est socrus saevissima quia tū odiō eī es. Venus etiam est māter pessima quia Cupīdo nescit tē etiam esse apud domum Veneris."

---

[78] Ants
[79] One at a time, individual

Psȳchē audīvit omnia quae formīcula illa parvula dīxerat, et Psȳchē iterum spērāvit sē vīsūram esse marītum amātum.

"Grātiās maximās agō, formīcula," dīxit Psȳchē.

Tunc, formīcula illa parvula in terram discessit, et nox sē excitāvit. Cum Venus ad cellam parvam vēnit, Venus maximā īrā affecta est quia omnia genera frūmentōrum ūnā posita sunt.

"Nōn est labor tuus, pessima ancilla!" Venus clāmāvit. "Nesciō quis auxilium tē dederit, sed nōn est labor tuus!"

Psȳchē respondit, "Sed omnia genera frūmentōrum ūnā posita sunt. Labor āctus est. Mēne vendēs?"

"Mox erit tibi labor novus," inquit Venus, "et fortasse sī nōn labōrēs bene, tē vendam."

Tunc Venus paulum cibum Psȳchae dedit (Master of the Die).

Tunc Venus paulum cibum Psȳchae dedit, et Psȳchē secūta est Venerem ad cellam parvam suam.

Lūna in caelō erat, sed Psȳchē adhūc eam nōn vīdit. Psȳchē tandem dormīvit quia scīvit marītum amātum suum apud domum dormīre.

Cupīdo sōlus in lectō suō erat. Cupīdo quidem nescīvit Psȳchēn etiam esse apud domum. Ipse nocte bene nōn dormīre poterat. Dē īnfante et uxōre suō cōgitābat.

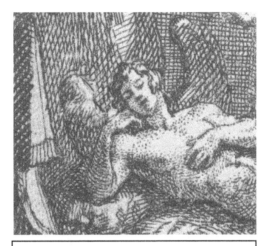

Cupīdo dē īnfante et uxōre suō cōgitābat (Hogarth).

Capitulum XIII

Nox ā caelō fūgit, lūna dormīvit, et sōl sē excitāvit. Venus labōrem novum habuit, et ad Psȳchēn īvit. Psȳchē odiō Venerī erat, et Venus eī nocēre volēbat. Labor novus perīculōsus erat.

"Venī mēcum," Venus iussit.

Psȳchē Venerem ē domō ad flūmen et silvam secūta est.

"Vidēsne illam silvam quae prope flūmen est? Prope silvam sunt ovēs quae **vellera**[80] aurea habent. Iubeō tē hanc lānam auream ē **vellere** aureō ovium capere. Fer mihi hanc lānam auream. Dīxistī mihi facere lānam tibi

Haec ovēs aurea **vellera** habēbant (van de Velde).

---

[80] Fleeces

placēre. Nunc lāna aurea tibi capienda est," iussit Venus.

Lāna aurea ē vellera ovium Psȳchae capienda erat (Master of the Die).

Psȳchē īvit ad capiendum lānam auream ē **vellere**[81] ovium, sed nescīvit eam capere. Apud flūmen, Psȳchē ovēs quae **vellera** aurea habent vīdit. Terrōre magnō affecta est. Ovēs maximae erant, et saevae vidēbantur. Psȳchē iterum flēvit et nescīvit quōmodo hunc labōrem ageret.

Subitō, flūmen dīxit, "Psȳchē miserrima, hic labor est perīculōsus! Ovēs sunt saevae. Nōlī īre ad ovēs ut lānam auream ē **vellere** capiās!"

---

[81] Fleece

"Quid agam?" Psȳchē miserrima rogāvit. "Lāna aurea mihi capienda est. Sī nōn capiam lānam auream, Venus mē vendet, et īnfāns noster etiam servus erit."

"Cum sōl splendidus in caelō sit, ovēs semper dormiunt," respondit flūmen.

"Possumne tunc capere lānam ē **vellere**[82] ovium?" rogāvit Psȳchē.

"Nōn potes. Ovēs dormiunt, sed adhūc sunt saevae. Nōlī īre ad ovēs dormientēs. Ovēs interficere tē possunt. Dea Venus fortasse spērat ovēs tē interfectūrās esse. Ī ad arborēs. In arboribus **floccōs**[83] lānārum aureārum inveniēs. Cape **floccōs** lānārum aureārum ē arboribus et tunc fer eōs ad domum Veneris. "

"Flūmen benignum, grātiās maximās tibi agō," dīxit Psȳchē.

Cōnsilium flūminis secūta, Psȳchē ex arboribus **floccōs** lānārum aureārum cēpit. Psȳchē lānam auream mīrāta est quia pulchra erat. Psȳchē hanc lānam auream facere voluit. Tunc cum multā lānā aureā ad domum Veneris revēnit.

Psȳchē scīvit sē esse uxōrem amātam Cupīdinis. Cum Psȳchē Venerem spectāvit, Psȳchē scīvit quid dīceret deae et socruī suae. Esset perīculōsum dīcere, sed necesse erat. Cupīdo erat marītus Psȳchēs, et Venus erat socrus eius.

---

[82] Fleece
[83] Wisps

"Ecce, socrus," inquit Psȳchē, "ego tulī tibi lānam auream tibi dōnum."

"*Quid*?! Tūne putās adhūc mē socrum tibi esse? Stultissima et pessima ancilla! Lāna aurea nōn est dōnum quia iussī tē eam capere!" Venus clāmāvit.

Venus maximā īrā affecta est, sed Psȳchē nōn iam terrōre affecta est. Cupīdo adhūc Psȳchēn amābat. Sī Cupīdo nōn iam esset marītus eius, Venus nōn esset īrātissima et saevissima. Nūptiae erant aequae quia amor eius et amor Cupīdinis erant aequae. **Nīl retulit**[84] Psȳchēn esse mortālem sed Cupīdinem esse deum. Psȳchē et Cupīdo aequum amōrem habēbant.

Venus Psȳchēn interficere volēbat (Dente)

Venus lānam auream ē Psȳchē cēpit et clāmāvit, "Stultissima ancilla, ī ad cellam tuam. Nōn accipiēs cibum quia vēra mihi nōn dīxistī!"

Psȳchē cārēns cibō ad cellam suam īvit.

Venus nescīvit quid ageret. Venus Psȳchae nocēre volēbat quia Psȳchē adhūc putābat sē esse nurum Veneris. Psȳchē odiō maximō Venerī erat. Venus

---

[84] It didn't matter

Psȳchēn interficere volēbat, sed Venus ipsa eam interficere nōn potuit. Stultus fīlius eius Cupīdo esset īrātissimus. Labor novus et perīculōsissimus necesse erat. In hōc labōre novō et perīculōsissimō, Psȳchē moritūra esset.

In cellā suā, Psȳchē spērāvit sē mox vīsūram esse marītum amātum. Cupīdo etiam spērāvit sē mox vīsūrum esse uxōrem cāram. Cupīdo nescīvit Psȳchēn prope sē esset, et adhūc vulnerātus animō et corpore erat. Cupīdo paene corpore nōn vulnerātus est, sed ē lectō discēdere nōn poterat. Nox longa erat quia Cupīdo dē uxōre et īnfante cōgitābat.

Sōl dormīvit, et lūna sē excitāvit.

Capitulum XIV

Cum lūna dormīvisset et sōl sē excitāvisset, Venus labōrem novum habuit.

"Habeō labōrem novum et difficilem tibi," Venus dīxit. "Putō tē esse pessimam ancillam et nōn posse agere labōrem novum."

"Quid est labor novus et difficilis?" Psȳchē rogāvit.

"Vidēsne illum montem? In monte est fons, et hic fons ad **Stygem** et **Cōcȳtum**[85] dūcit. Aqua fontis ipsa perīculōsa est, et iter est longum. Aqua fontis tibi capienda est ubī perīculōsa est. Et, stultissima ancilla, sciam an capiās aquam ex aliō fonte aut aliō flūmine. Nōlī capere aquam ē aliō fonte, et nōlī capere aquam ē aliō flūmine, pessima ancilla! Nunc ī et revenī cum aquā huius fontis!" Venus iussit.

Psȳchē valdē terrōre affecta est quia Styx et Cōcȳtus in īnferīs flūmina erant. Capere aquam ē fonte esset

---

[85] These rivers are in the underworld.

Hic fons ad Stygem et Cōcȳtum ducēbat, sed Psyche aquam fontis capere dēbēbat (Master of the Die).

perīculōsissimum, et iter longum ad fontem erat. Psȳchē cibō carēbat.

"Dea Venus, ego ad fontem ībō, sed careō cibō—" Psȳchē dīcere incēpit.

"Ī et discēde! Nōlī ferre tēcum cibum, et ego nōn iam tē vidēre nōlō!" Venus clāmāvit.

Psȳchē discessit sine cibō ad capiendum aquam ē fonte. Iter erat longum, sed Psȳchē agēbat omnia ut marītum suum vidēret. Aqua fontis sibi capienda erat.

Itinere factō, Psȳchē fontem perīculōsum vīdit. Aqua horribilis et celerrima ē fonte discēdēbat, et serpentēs magnī, quī Psȳchae nocēre poterant, apud fontem erant. Psȳchē timēbat nē fons aut serpentēs sibi nocērent. Serpentēs terrōrī maximō Psȳchae erant.

Cum fons ipse Psȳchēn spectāvit, fons clāmāvit, "Spectā! Quid agis? Discēde! Fuge! Ī quam celerrimē!"

"Nōn possum fugere quia Venus mē inveniet, et marītum dēsīderō," Psȳchē flēvit.

"Moritūra es!" Fons clāmāvit.

"Aqua tua mihi capienda est," respondit Psȳchē.

Psȳchē nōn iam flēre potuit quia terrōre maximō affecta est. Psȳchē fugere nōn potuit quia iūrāverat īnfantem futūrum esse immortālem et Cupīdinem futūrum esse patrem. Psȳchē ad fontem horribilem īre incēpit.

Subitō, **aquila**[86] celer, quā deus Iuppiter ipse ūtēbātur, vēnit ut auxilium Psȳchae daret. Cupīdo semper dabat auxilium Iovī, quī multās fēminās amābat. Quā dē causā,

Aquila celer vēnit ut auxilium Psȳchae daret (Burne-Jones).

---

[86] Eagle

aquila uxōrī Cupīdinis auxilium nunc dedit.

"Benignissima et pulcherrima uxor," inquit aquila, "nōlī capere aquam ē fonte horribilī. Omnēs deī, etiam Iuppiter ipse, timēbant hās aquās perīculōsās fontis."

"Quā dē causā, Venus iussit mē capere aquam ē fonte et ferre aquam ad deam," dīxit Psȳchē.

"Dabō auxilium tibi," dīxit **aquila**.[87]

Aquila īvit ad fontem. Cum serpentēs **aquilam** vīdērunt, quam celerrimē fūgērunt.

Serpentēs aquilam fūgērunt, et fons aquam **aquilae** dedit (Davent).

"Dā aquam mihi," **aquila** inquit, "quia Venus aquam habēre vult."

---

[87] Eagle

"Venī, et eam tibi dabō!" Fons clāmāvit.

Aquā datā, Psȳchē grātiās **aquilae**[88] et fontī ēgit. Psȳchē ad domum Veneris revēnit ut aquam Venerī daret. Iter longum erat, et cibō carēbat. Psȳchē per multōs agrōs īvit et iterum sub lūnā nocte dormīvit. Cum sōl sē excitāvit, Psȳchē tandem ad domum Veneris revēnit.

---

[88] Eagle

Capitulum XV

Cum dea Venus Psȳchēn aquam ferentem spectāvit, Venus īrā maximā et saevissimā affecta est. Psȳchē odiō maximō Venerī erat.

Venus spērāvit Psȳchēn moritūram esse (Dente).

"Tū tulistī aquam ē fonte. Nōn es ancilla stulta sed **malefica**![89] Ēgistī omnēs labōrēs quōs tibi dedī," clāmāvit Venus.

"Ego ēgī omnēs labōrēs quōs iussistī, sed nōn sum **malefica**. Ego sum uxor Cupīdinis et nurus tua," respondit Psȳchē.

"Pessima et stultissima fēminārum, ego adhūc novum labōrem tibi habeō. Fortasse in hōc labōre tū

---

[89] Witch

moritūra es!" Venus maximā cum īrā clāmāvit.

Psȳchē timēbat nē Venus eam iterum pelleret, sed Venus nōn pepulit.

"Cape hanc arcam," inquit Venus, "et fer eam ad Proserpinam."

Psȳchē mīrāns clāmāvit, "*Proserpinam*?!"

"Nonne mē audīvistī, ancilla? Ad Proserpinam fer hanc arcam!" Venus iussit.

Arca Psychae ferenda erat ad Proserpinam (Luyken).

"Sed ego mortālis sum, et dea Proserpina in īnferīs. Nōn sum mortua," Psȳchē maximō cum terrōre respondit.

"**Nīl mihi refert**,"[90] inquit Venus, "et fortasse mox mortua eris. Ut tū dīxistī, es mortālis... Nunc arca tibi ferenda est ad Proserpinam."

Psȳchē timēbat nē in īnferīs mortua esset. Sed Psȳchē omnia quae necesse erant ageret. Iūrāverat īnfantem suum immortālem futūrum esse.

"Quid arcā in īnferīs ego agam?" Psȳchē rogāvit.

---

[90] It doesn't matter to me

Venus rīdēns iussit, "Fer hanc arcam ad īnferōs, et dā eam Proserpinae. Dīc, 'Venus rogat ut tū dēs eī partem pulchritūdinis tuae. Venus pulchritūdine suā ūsa est quia fīlius eius ab ancillā pessimā vulnerātus est.' Proserpina in arcā partem pulchritūdinis suae pōnet. Tunc revenī quam celerrimē. Volō ūtī pulchritūdine et tunc ībō ad Montem Olympum. Ut scīs, fessa sum. Multa mihi agenda sunt. Ista fēmina—horribile dictū—fīlium meum vulnerāvit."

Psȳchē nihil dīxit, sed multa dē marītō Cupīdine rogāre voluit. Psȳchē voluit rogāre Cupīdinem ipsum *'Tūne veniam mihi dabis?'* quia eum vulnerāverat. Psȳchē autem omnia quae Venus iusserat dīcere nōlēbat. Cum Psȳchē nihil dīxit, Venus saevissimē rīsit.

Necesse erat Psȳchae īre ad īnferōs ubi mortuī erant (Master of the Die).

"Discēde ā mē, ancilla, et fer arcam ad Proserpinam!" Venus iussit.

Venus rīsit iterum et spērāvit sē numquam vīsūram esse Psȳchēn.

Psȳchē discessit ē domō Veneris. Sōl adhūc in caelō erat. Psȳchē nescīvit īre ad īnferōs. Psȳchē diū ambulābat. Sōl tandem dormīvit, et lūna sē excitāvit. Ambulāre nōn iam poterat quia fessissima erat. Psȳchē adhūc nihil cibī habuit et valdē edere voluit.

Psȳchē sub arbore magnā flēbat. Psȳchē sōla et trīstis erat. Psȳchē marītum dēsīderābat, et timēbat nē moritūra esset. Socrus eam interficere voluit et putāvit Psȳchēn nōn esse uxōrem vēram. Manū abdōmen suum tetigit. Iūrāverat īnfantem futūrum esse immortālem. *Iūrāverat!*

Psȳchē adhūc flēbat quia nescīvit quōmodo omnia ageret.

Subitō, **ulula**[91] in arbore magnā erat. Ulula Psȳchēn rogāvit, "Cūr tū, trīstissima uxor, flēs? Tū potes spērāre! Tū mox vidēbis iterum marītum amātum, et Cupīdo adhūc tē amat."

Ulula vēnit ad dandum auxilium Psȳchae (Bewick).

---

[91] Owl

"Ipsane nōn moritūra sum?" Psȳchē rogāvit.

"Iter ad īnferōs perīculōsissimum est. Sī mē nōn sequēris, moritūra es," respondit ulula.

"Venus mē interficere vult. Quā dē causā, arca ferenda est mihi ad Proserpinam," dīxit maximō cum terrōre Psȳchē.

"Venus ipsa tē interficere nōn potuit quia marītus tuus Cupīdo īrātissimus esset. Dea Venus autem vult tē mortuam esse quia tū odiō maximō Venerī es. Si mē sequēris, miserrima Psȳchē, mox marītum cārissimum vidēbis," dīxit ulula.

Psȳchē gaudēbat quia marītum dēsīderābat.

"Mēne sequēris?" Ulula rogāvit.

"Sequar omnia quae iusseris," Psȳchē spērāns respondit.

"Audī omnia quae tibi dīcō," ulula dīxit.

Ulula omnia dē itinere perīculōsō ad īnferōs dīxit.

Et Psȳchē audīvit et secūta est omnia quae ulula dīxerat. Psȳchē auxilium iterum accēpit quia omnia animālia scīvērunt Psȳchēn esse benignissimam.

Capitulum XVI

Psȳchē audīvit et secūta est omnia quae ulula dīxerat. Ambulābat diū per multās silvās et per multōs agrōs. Ad aliam cīvitātem tandem vēnit. In hāc cīvitāte, cibus et pecūnia Psȳchae capiendī erant. Nōluit capere eōs, sed necesse erat.

Cibō et pecūniā captīs, Psȳchē dīxit, "Iūrō mē vōbīs datūram esse pecūniam et cibum quōs ā vōbīs cēpī."

Psȳchē viam ad īnferōs tandem invēnit. Haec via ad īnferōs et ad domum Plūtōnis et Proserpinae dūxit. Cum Psȳchē hanc viam invēnit, terrōre maximō affecta est. Psȳchē autem viam secūta est et memoriā tenuit omnia quae ulula dīxerat. Psȳchē ferēns pecūniam et cibum et arcam in īnferōs ipsōs ambulāvit.

Psȳchē mox ad flūmen mortuōrum vēnit. Cum Charōn Psȳchēn ferentem pecūniam spectāvit, Charōn ad Psȳchēn īvit.

"Dā pecūniam mihi, fēmina, et feram tē **trāns**[92] flūmen," dīxit Charōn.

Psȳchē tenuit memoriā omnia quae ulula dīxerat. Ulula dīxerat Psȳchēn dēbēre pōnere pecūniam in linguā quia Psȳchē nōn erat mortua.

"Hanc pecūniam tibi nōn dabō, sed potes capere eam," Psȳchē respondit.

Tunc Psȳchē pecūniam in linguā posuit, et Charōn ē linguā Psȳchēs cēpit.

"Venī mēcum, fēmina, et feram tē **trāns**[93] flūmen mortuōrum," Charōn dīxit.

Trīstis Psȳchē flēvit quia in flūmine mortuōs vīdit. Hī mortuī in īnferōs—horribile dictū—īre nōn poterant. Psȳchē flēvit quia auxilium eīs dare nōn potuit.

"Fēmina benignissima, dā mihi pecūniam quia in īnferōs īre volō," dīxit mortuus quī in flūmine erat.

Psȳchē valdē respondēre voluit, sed sibi nōn licuit. Psȳchē memoriā tenuit omnia quae ulula dīxerat. Nōn licuit Psȳchae aliquid dīcere aut respondēre. Subitō, Psȳchē audīvit sorōrem clāmantem.

"Psȳchē, soror amātissima, dā mihi pecūniam. Ego tēcum in īnferōs īre volō," Tullia clāmāvit.

---

[92] Across
[93] Across

Mortuus rogāvit ut Psȳchē pecūniam daret (Master of the Die).

Psȳchē valdē dolōre et īrā affecta est quia vīdit Tulliam mortuam. Tullia numquam auxilium Psȳchae dedit, sed dolōrēs. Psȳchē odiō Tulliae erat, sed nunc Tullia auxilium voluit. Psȳchē valdē voluit respondēre Tulliae, sed nōn licuit. Ulula dīxerat nōn licēre dīcere aliquid mortuīs. Sī Psȳchē mortuīs respondēret, Psȳchē numquam ad terram revēnīret.

Iter ad īnferōs etiam perīculōsum erat quia Venus posuit multa quae Psȳchae nocērent et eam interficerent. Psȳchē autem sibi iūrāvit sē inventūram esse Tulliam mortuam. Charōn Psȳchēn ā sorōre clāmante et flente tulit.

Psȳchē tres partēs cibī Cerberō dedit (Master of the Die).

Itinere **trāns**[94] flūmen factō, Psȳchē viam secūta est. Psȳchē adhūc flēbat dē sorōre mortuā ubī subitō spectāvit canem magnum cui tria capita erant! Nōmen istī canī saevissimō erat Cerberus. Psȳchē timēbat nē Cerberus eam ederet.

Psȳchē autem cōnsilium ululae secūta est, et ipsa dēdit trēs partēs cibī Cerberō. Psȳchē adhūc habuit trēs aliās partēs cibī quia spērāvit sē ad terram reventūram esse. Cum Cerberus ēdit partēs cibōrum tribus capitibus, Psȳchē Cerberum fūgit.

Psȳchē tunc domum ēlegantissimam Plūtōnis et Proserpinae vīdit.

"Mīrābile vīsū!"[95] Psȳchē clāmāvit.

Psȳchē semper putāverat domum Plūtōnis et Proserpinae esse horribilem. Domus autem vidēbātur ēlegantissima et digna deīs quī in illā dōmō habitābant. Psȳchē nōlēbat habitāre in īnferīs, sed haec domus pulcherrima erat.

---

[94] Across
[95] Amazing to see

Capitulum XVII

Psȳchē cum paulō terrōris ad domum Proserpinae īvit. Proserpina erat dea, uxor Plūtōnis, et fīlia Cereris. Cum Cerēs auxilium nōn dedisset, Psȳchē timēbat nē Proserpina partem pulchritūdinis nōn daret. Dōnum esset novum. Quis daret partem pulchritūdinis? Psȳchē autem spērāvit Proserpinam datūram esse partem pulchritūdinis. Psȳchē ad terram revēnīre valdē volēbat.

Psȳchē īvit ad domum, et ancilla mortua Psȳchēn salūtāvit, "Tū mortālis es! Quid agis apud mortuōs?"

"Vēnī ut videam deam Proserpinam," Psȳchē dīxit.

Psȳchē Proserpinam ipsam vīdit (Caraglio).

77

Ancilla Psȳchēn in domum dūxit, et Psȳchē Proserpinam ipsam vīdit.

"Ō, dea Proserpina," inquit Psȳchē, "vēnī ut tē videam. Venus mē rogāvit ut ego veniam. Venus rogat ut tū dēs sibi partem pulchritūdinis tuae."

"Psȳchē, audīvī multa dē tē. Tū odiō maximō Venerī es, sed vēnistī quia Venus ipsa tē rogāvit. Cūr Venus vult partem pulchritūdinis meae? Hoc dōnum novum est. **Nēmō**[96] mē rogāvit ut dem pulchritūdinem meam," Proserpina respondit.

Psȳchē paulō īrā affecta est quia nōluit dīcere quid necesse esset dīcere. Psȳchē autem ageret omnia quia iūrāverat īnfantem suum futūrum esse immortālem.

Psȳchē rogāvit ut Proserpina partem pulchritūdinis in arcā pōneret (Master of the Die).

---

[96] No one

Psȳchē manum in abdōmine posuit. Alterā manū, Psȳchē adhūc arcam ferēbat.

"Venus pulchritūdine suā ūsa est quia fīlius eius ab ancillā pessimā vulnerātus est," Psȳchē dīxit.

"Nonne tū es ancilla pessima quae fīlium Veneris vulnerāvit?" Proserpina rogāvit.

"Ego sum uxor Cupīdinis et nurus deae Veneris. Ancilla nōn sum. Rogō ut tū pōnās partem pulchritūdinis tuae in hāc arcā," Psȳchē respondit.

"Ego quidem pōnam partem pulchritūdinis meae in hāc arcā," Proserpina dīxit.

Psȳchē arcam Proserpinae dedit, quae accēpit et posuit aliquid in arcā. Psȳchē nōn potuit vidēre quid Proserpina in arcā posuerit. Proserpina rīdēns tunc arcam Psȳchae dedit. Omnia quae ulula dīxerat Psȳchē memoriā tenuit.

Psȳchē nōn potuit vidēre quid Proserpina in arcā posuerit (Luyken).

"Grātiās tibi agō, dea, et nunc arca mihi ferenda est," Psȳchē dīxit.

Proserpina voluit dīcere multa Psȳchae, sed nōn licuit. Venus saevissima erat. Proserpina voluit dīcere arcam perīculōsam esse. Proserpina etiam voluit dīcere sē nōn posuisse partem pulchritūdinis suae in arcā. Nōn licuit dīcere haec. Omnēs deae iūrāverant per Stygem nōn datūrās esse auxilium Psȳchae. Venus ipsa vēnerat ad īnferōs et dederat Proserpinae quid Proserpina posuisset in arcam. Proserpina spērāvit Venerem Psȳchae nōn nocitūram esse.

Proserpina nihil dīxit, et Psȳchē ferēns arcam perīculōsam ā domō deae discessit.

Psȳchē ferēns arcam iterum Cerberō trēs partēs cibōrum dedit, et iterum posuit pecūniam in linguam suam quam Charōn ē linguā cēpit. Psȳchē iterum audīvit sorōrem clāmantem—sed nunc Claudia etiam clāmābat—et iterum nihil dīxit. Mox Psȳchē posset invenīre Tulliam et Claudiam mortuās, sed nunc respondēre nōn poterat.

Cum Psȳchē tandem sōlem splendidissimum vīdit, laetissima erat. Sub sōle Psȳchē gaudēbat quia in īnferīs nōn iam erat. Psȳchē manū abdōmen tetigit, et Psȳchē rīsit. Psȳchē futūra erat māter, et īnfāns eius futūrus erat immortālis, sīcut pater īnfantis. Psȳchē paene ēgerat omnia quae necesse erat.

Capitulum XVIII

Psȳchē nōn iam in īnferīs erat, et arcam ferēbat. Mox marītum cārissimum vīsūra et bāsia eī datūra erat. Psȳchē erat nurus bona quae omnēs labōrēs Veneris ēgerat. Psȳchē spērāvit omnēs ūnā in familiā esse posse. Psȳchē nōluerat vulnerāre Cupīdinem, et volēbat habitāre cum marītō et īnfante. Psȳchē etiam voluit habēre Venerem socrum quia Venus erat māter marītī. Psȳchē valdē familiam amāre et ā familiā amārī volēbat.

Psȳchē spērābat multa, et per multōs agrōs et per multās silvās ad domum Veneris ambulābat. Iter longum erat. Psȳchē fessa erat, sed Psȳchē adhūc gaudēbat. Subitō, Psȳchē spectāvit sē in aquā flūminis, sed Psȳchē nescīvit sē vīdisse suam **imāginem**.[97]

"Ecce! Quis est miserrima gravida fēmina? Mīror cūr illa fēmina arcam ferat," dīxit Psȳchē.

---

[97] Image

Tunc Psȳchē vērum scīvit. Psȳchē ipsa erat haec fēmina miserrima et gravida. Psȳchē nōn pulcherrima vidēbātur, sed fessissima et turpissima. Psȳchē quidem vidēbātur sīcut pulsa erat, īverat ad īnferōs, et tunc revēnerat quia Psȳchē vērē *pulsa erat, īverat ad īnferōs, et tunc revēnerat*. Psȳchē erat trīstis quia mox ipsa marītum amātissimum et pulcherrimum vidēret, sed Psȳchē nōn iam pulcherrima uxor erat. Psȳchē turpissima uxor erat!

Psȳchē nescīverat sē vīdisse suam **imāginem**, sed tunc Psȳchē vērum scīvit (Foster).

Quōmodo marītum suum salūtāre posset? Cupīdo ipse mīrārētur et nescīret an ancilla turpissima esset! Cupīdo bāsia Psȳchēs accipere nōllet quia Psȳchē turpissima erat! Omnēs virī et fēminae Psȳchēn mīrātī erant quia pulcherrima fuerat. Quis esset Psȳchē **nisi**[98] pulcherrima fēmina **in tōtō orbe terrārum**?[99]

Cupīdo numquam uxōrī turpī veniam daret. Quid Psȳchē agere posset? Marītum valdē dēsīderābat et amābat, sed putāvit deum amōris nōn iam amātūrum esse eam. Erat turpissima!

---

[98] Unless
[99] In the whole world

Vēra Psȳchē alteram Psȳchēn in aquā flūminis spectābat, et haec altera Psȳchē pulchritūdine dīvīnā ūsa est (Castelli).

Vēra Psȳchē alteram Psȳchēn in aquā flūminis spectābat. In aquā, altera Psȳchē arcam spectāvit et quidem cōgitābat dē pulchritūdine in arcā. Haec altera Psȳchē in aquā pulchritūdine dīvīnā ūsa est, et subitō altera Psȳchē in aquā iterum pulcherrima erat! **Mīrābile vīsū!**[100]

Vēra Psȳchē mīrābātur quid altera Psȳchē in aquā flūminis ēgisset. Altera Psȳchē in aquā pulchritūdine dīvīnā quidem ūsa erat. Fortasse, sī Psȳchē ipsa etiam pulchritūdine dīvīnā ūterētur, nōn iam vidērētur turpissima. Vēra Psȳchē nōn iam tenuit memoriā omnia quae ulula dīxerat. Ulula dīxerat Psȳchēn nōn dēbēre cōgitāre dē pulchritūdine dīvīnā et quidem eā numquam ūtī. Psȳchē autem timēbat ut Cupīdo amāret eam sī nōn pulcherrima esset.

"Sī pulchritūdine dīvīnā nōn ūtor, sum stultissima et turpissima! Marītus meus est pulcherrimus deus amōris, et nōn iam sum pulcherrima fēmina quam uxōrem Cupīdo dūxit!" Psȳchē clāmāvit.

---

[100] Amazing to see

Sed Psȳchē in arcā pulchritūdinem dīvīnam—horribile dictū—nōn invēnit. Psȳchē **Somnum**[101] saevum in arcā invēnit, et hic **Somnus** statim Psȳchēn pepulit.

Psȳchē statim ad terram **cecidit**[102] et vidēbātur mortua.

Somnus saevus Psȳchēn pepulit, et Psȳchē vidēbātur mortua (Adamsz).

---

[101] Sleep, personified by Apuleius and used by Venus in an attempt to kill Psyche.
[102] Fell

Capitulum XIX

Cupīdo tandem nōn iam corpore vulnerātus est. Cupīdo dē uxōre et īnfante suō diū cōgitāverat. Cupīdo adhūc vulnerābātur animō quia Psȳchēn, uxōrem cārissimam, dēsīderābat. Cupīdo daret veniam Psȳchae quia ipse etiam **tōtō caelō errāverat.**[103]

Cupīdo Psȳchēn et īnfantem invenīre volēbat (Thuman).

Cupīdo ē domō mātris discessit et volāvit ut invenīret Psȳchēn. Cupīdo diū nōn volāverat quia in lectō fuerat. Cupīdo nunc poterat volāre quam celerrimē, et per viās, per silvās, per agrōs, per cīvitātēs volābat ut Psȳchēn et īnfantem suum invenīret.

---

[103] Had erred greatly. Literally, *had erred by the whole sky*

Cupīdo bāsia uxōrī dare et tangere abdōmen uxōris gravidae volēbat. Cupīdo subitō mīrātus est. Essetne nunc pater? **Quālis**[104] deus ab uxōre gravidā sōlā in silvā discēderet? Cupīdo erat īrātissimus… sed erat īrātus quia ipse ab uxōre flente discesserat.

Cupīdo nescīvit quid uxōrī cārissimae dīceret. Cupīdo fidem nōn praestiterat. Psȳchēne veniam eī daret? Cupīdo nescīvit. Cupīdo tenuit memoriā Psȳchēn rīdentem quia deus omnia scīre dēbēbat. Cupīdo ipse, deus amōris, flēvit. Quam celerrimē Cupīdo volābat, sed Psȳchēn nōn inveniēbat. Cupīdo diū per multās cīvitātēs volābat.

Subitō, Cupīdo Psȳchēn dormientem in agrō prope flūmen vīdit, sed Psȳchē mortua vidēbātur.

"Nōlī esse mortua!" Cupīdo clāmāvit.

Cupīdo ad Psȳchēn dormientem volāvit. Cupīdo timēbat nē Psȳchē mortua esset. Psȳchē prope īnferōs erat, et Cupīdō mīrābātur cūr Psȳchē ad hoc flūmen vēnisset. Cupīdo spērāns et timēns cum terrōre uxōrem tetigit.

"Uxor cārissima mea, mortua nōn es!" Cupīdo gaudēns clāmāvit.

Cupīdo arcam prope Psȳchēn et **Somnum**[105] horribilem in oculīs Psȳchēs vīdit. Cupīdo scīvit hanc arcam mātris Veneris esse.

---

[104] What sort

[105] Sleep, personified by Apuleius and used by Venus in an attempt to kill Psyche.

"Ecce," inquit Cupīdo "paene mortua erās, miserrima uxor."

Cupīdo tunc **Somnum**[106] horribilem ex oculīs cēpit et eum in arcā posuit. Sagittam cēpit, et Psȳchēn sagittā tetigit. Cupīdo ipse sē sagittā tetigit. Psȳchē adhūc dormiēbat, et Cupīdo tandem uxōrī cārissimae bāsium dedit.

Cupīdo uxōrī cārissimae bāsium dedit, et Psȳchē sē excitāvit (Cupid).

---

[106] Sleep, personified by Apuleius and used by Venus in an attempt to kill Psyche.

Statim Psȳchē sē excitāvit et marītum vīdit. Psȳchē gaudēbat quia tandem cum marītō erat.

"Ō, mī marīte cārissime! Veniam mihi dā. Ego nōn tibi crēdidī, sed sorōribus pessimīs meīs," dīxit Psȳchē.

"Ō, uxor cārissima," inquit Cupīdo, "dabō veniam tibi sī veniam mihi dēs. Nōn tibi crēdidī quia nōn dīxī tibi mē esse deum."

"Tē vulnerāvī," Psȳchē flēvit.

"Corpore nōn vulnerātus sum et nōn iam animō vulnerātus sum sī veniam mihi dēs et mē amēs," Cupīdo dīxit.

"Sed nunc ego sum turpissima et nōn iam pulcherrima!" Psȳchē clāmāvit.

"Psȳchē, uxor cārissima et amātissima, tū es pulcherrima fēmina **in tōtō orbe terrārum.**[107] Tū mihi turpissima numquam esse potes. Benignissima es, et sciō omnia quae in animō tuō sunt. Ego ipse sum deus, nonne? Deī omnia sciunt..." Cupīdo spērāns et rīdēns dīxit.

Psȳchē rīsit et manum Cupīdinis tetigit.

"Dabisne mihi veniam? Mēne amās?" Cupīdo rogāvit.

"Veniam tibi dō, et tē valdē amō!" Clāmāvit Psȳchē.

---

[107] In the whole world

"Veniam etiam tibi dō, et tē valdē amō," respondit Cupīdo.

Psȳchē Cupīdinī alterum longiōrem bāsium dedit. Cupīdo et Psȳchē tandem ūnā gaudēbant. Cupīdo abdōmen Psȳchēs tetigit et abdōminī bāsium dedit. Cupīdo et Psȳchē nōn tenēbant memoriā īram Veneris saevissimae.

Psȳchē Cupīdinī alterum longiōrem bāsium dedit. Cupīdo et Psȳchē nōn tenēbant memoriā īram Veneris (Thuman).

Psȳchē, quae ab Venere pessimē pulsa erat, tandem memoriā tenuit.

"Māter tua erit īrātissima. Dīxit nōs nōn esse uxōrem et marītum. Tū es dīvīnus et immortālis deus, sed ego mortālis sum. Ubī habitābimus? Quid agēmus? Volō esse nurus bona. Quā dē causā, īvī ad salūtandum Venerem, sed ego adhūc timeō īram Veneris," dīxit Psȳchē.

Cupīdo corpus Psȳchēs vīdit et scīvit mātrem suam Psȳchae nocuerat et eam pepulerat. Cupīdo multō īrātior erat. Cupīdo etiam mīrābātur dē omnibus quae Psȳchē ēgisset et cūr Psȳchē dormīvisset et hanc arcam mātris habuisset. Cūr Psȳchē īverat ad videndum mātrem eius?

"Dīc mihi omnia," dīxit Cupīdo.

Psȳchē omnia dīxit. Psȳchē dē itinere per multās cīvitātēs, dē sorōribus, dē Cerere, dē Iūnōne, et dē itinere ad domum Veneris dīxit. Psȳchē dīxit omnia quae Venus et ancillae suae ēgerant. Dē labōribus Veneris dīxit. Itinere ad īnferōs dictō, Cupīdo maximā īrā affectus est quia scīvit mātrem Psȳchēn interficere velle. Cupīdo erat multō īrātior quam Venus fuerat.

"Māter tua etiam dīxit nūptiās nostrās nōn esse vērās. Dīxit nūptiās nostrās nōn esse aequās. Es dīvīnus immortālis deus, sed ego sum mortālis," Psȳchē dīxit.

"Erās uxor, es uxor, et eris uxor," respondit Cupīdo.

Sed Cupīdo scīvit nūptiās nōn esse aequās. Venus dīxerat vērum. Ipse erat deus, sed Psȳchē erat mortālis. Īnfāns eōrum esset dīvīnus, sed Psȳchē adhūc esset

mortālis. Cupīdo semper esset iuvenis, sed Psȳchē mortua esset. Cupīdo tenuit memoriā terrōrem ubī vīderat Psȳchēn dormientem sīcut mortuam. Psȳchē immortālis etiam esse dēbēbat. Tunc nūptiae eōrum essent aequae quia ipsa esset immortālis dea.

"Uxor cārissima, necesse est mihi agere aliquid, et tū dēbēs īre ad domum Veneris et ferre hanc arcam," Cupīdo dīxit.

Psȳchē timēns scīvit sē hunc labōrem agere dēbēre. Cupīdo scīvit sē volāre quam celerrimē dēbēre.

Cupīdo discessit ad Montem Olympum ut Iovem, rēgem deōrum, vidēret (Caraglio).

Bāsiīs datīs, Psȳchē discessit ut ferret arcam ad Venerem, et Cupīdo volāns discessit ad Montem Olympum ut Iovem, rēgem deōrum, vidēret.

91

Capitulum XX

Cupīdo timēbat nē māter uxōrī nocēret. Cupīdo etiam volēbat nūptiās esse aequās. Cupīdo quam celerrimē ad Montem Olympum volāvit.

Apud Montem Olympum, īvit ad salūtandum Iovem quī erat rēx deōrum.

"Salvē," Cupīdo Iovem salūtāvit.

Cupīdo tunc Iovem precātus est.

"Cupīdo, quid est?" Iuppiter rogāvit.

"Uxor mea est gravida," inquit Cupīdo, "et mox habēbō īnfantem immortālem et dīvīnum. Sed uxor mea, quae semper lānam facit, fidem praestat, et cārissima mihi est, est mortālis. Marītus eius est dīvīnus, et noster īnfāns erit dīvīnus. Sed ea? Uxor cārissima mea moritūra est."

"Mortālēs quidem moriuntur, et in terrā diū nōn sunt. Est difficile deō dūcere uxōrem mortālem. Sumus immortālēs, sed fēminae quās amāmus sunt mortālēs. Hae fēminae moriuntur, sīcut Psȳchē," dīxit Iuppiter.

"Quā dē causā, ego velim rogāre aliquid. Rogō ut uxor sit immortālis et semper iuvenis," Cupīdo respondit.

"Psȳchēn? Immortālem deam!?" Iuppiter mīrāns clāmāvit.

"Uxor mea," inquit Cupīdo, "quidem est et erit māter īnfantis meī. Est fēmina quam amō et uxōrem dūxī."

"Nūptiae nōn vērae quia nōn sunt aequae. Psȳchē nōn est uxor tua," dīxit Iuppiter.

"Sī Psȳchē erit immortālis, nūptiae nostrae erunt vērae," respondit Cupīdo.

"Estne Psȳchē tē digna? Fidem nōn praestitit," Iuppiter dīxit.

"Ut putō, nōn ego sum dignus uxōre optimā et tū quidem nōn dignus multīs fēminīs," respondit Cupīdo.

Iuppiter nihil dīxit, sed cōgitābat. Iuppiter vīdit

Iuppiter vīdit Cupīdinem ferentem sagittās et arcum (Thuman).

93

Cupīdinem ferentem sagittās et **arcum**.[108]

"Sī Psȳchē immortālis nōn sit," Cupīdo ferēns **arcum**[109] inquit, "faciam ut deī fēminās ament, sed etiam ut fēminae deōs nōn ament. Fortasse sit melius sī nōn uxōrem habeam. Multī amōrēs mihi faciendī sunt."

Statim, Iuppiter dīxit, "Psȳchē quidem erit immortālis et semper iuvenis erit! Psȳchē erit uxor tua et mox māter īnfantis tuī! Omnia, quae rogāvistī, faciam. Sed rogō ut inveniās aliam fēminam pulcherrimam quae mē amat," dīxit Iuppiter.

"Inveniam fēminam pulcherrimam. Tū eam amābis, et haec fēmina tē amābit," dīxit Cupīdo.

Iuppiter iussit Mercurium ferre omnēs deōs ad Montem Olympum (Master of the Die).

Omnibus dictīs, Iuppiter iussit Mercurium ferre omnēs deōs ad Montem Olympum. Sī aliquis nōn venīret, daret poenam. Omnēs deī et deae timēbant nē poenam horribilem darent. Quam celerrimē ad Montem Olympum vēnērunt.

Venus ipsa ad Montem Olympum vēnit. Cum fīlium suum et Iovem vīdit, Venus iterum paulō

---

[108] Bow
[109] Bow

īrae affecta est. Venus mīrābātur cūr Cupīdo prope Iovem esset.

"Salvēte, deī et deae," inquit Iuppiter, "grātiās vōbīs agō quia quam celerrimē vēnistis. Cupīdo nunc est iuvenis et paene vir! Quā dē causā, Cupīdo esse marītus dēbet. Cupīdo quidem est vērus marītus quia Psȳchēn uxōrem dūxit. Haec fēmina miserrima autem est mortālis."

"Tunc nūptiae nōn sunt vērae quia nōn aequae sunt!" Venus multō īrātior clāmāvit.

Iuppiter dixit Psychen futuram esse partem familiae Veneris (Master of the Die).

"Nūptiae erunt aequae sī Psȳchē immortālis erit," respondit Iuppiter.

Venus nihil dīxit, et omnēs deī et deae eam spectābant.

"Nōlī afficī īrā," inquit Iuppiter, "fīlia mea. Nōlī timēre ut mortālēs ad templa tua reveniant. Sī Psȳchē est immortālis, nurum dīvīnam habēbis. Omnēs quī in familiā tuā immortālēs erunt. Nūptiae erunt vērae, aequae, et lēgitimae. Mortālēs virī et fēminae nōn iam putābunt Psȳchēn esse tē ipsam quia Psȳchēn esse nurum tuam. Psȳchē erit uxor Cupīdinis et pars familiae tuae. Quid putās, Venus? Accipiēsne hanc immortālem nurum in familiam tuam?"

Venus fīlium suum spectāvit. Cupīdo spērāns amōre maximō affectus est. Cupīdo istam fēminam Psȳchēn amābat, et Venus fīlium amābat. Sī nūptiae essent aequae et mortālēs iterum Venerem precārentur, Venus ipsa nūptiās acciperet. Cum Cupīdo Psȳchēn amāret, Venus etiam eam accipere et amāre poterat.

"Accipiam hanc *immortālem* fēminam quae erit uxor fīliī meī et nurus dīvīna mea," Venus dīxit.

Cupīdo ipse gaudēbat, et omnēs deī et deae gaudēbant quia Venus nōn iam īrātissima et saevissima erat.

Cupīdo ipse gaudēbat (Thuman).

96

Capitulum XXI

Mercurius Psȳchēn ad Montem Olympum tulit (Caraglio).

Statim Iuppiter iussit Mercurium ferre Psȳchēn ad Montem Olympum, et Mercurius eam tulit quam celerrimē. Cum Psȳchē ad Montem vēnit, timēbat quia numquam Iovem et multōs aliōs deōs vīderat. Cum Psȳchē Cupīdinem gaudentem vīdit, Psȳchē spērābat.

Psȳchē ad Iovem īvit et precāta est. Psȳchē nihil dīxit quia timēbat nē male dīceret quia omnēs deī et deae eam spectābant. Psȳchē autem precāta est.

"Mortālis Psȳchē," Iuppiter inquit, "Mercurius tē ad Montem Olympum tulit quia eum iussī."

Psȳchē nihil dīcere potuit. Spectāvit Cupidinem quī rīdēbat et adhūc gaudēbat. Psȳchē etiam spectāvit Venerem quae nōn rīdēbat sed nōn iam īrāta vidēbātur. Psȳchē paulō laetior erat.

Subitō Iuppiter Psȳchae **ambrosiam et nectar**[110] dedit.

"Psȳchē, ede et **bibe**,"[111] Iuppiter inquit, "et immortālis eris. Tū eris uxor immortālis Cupīdinis. Nūptiae etiam erunt vērae, aequae, et lēgitimae."

Nūptiae Cupīdinis et Psȳchēs vērae, aequae, et lēgitimae erant, et Psȳchē uxor Cupīdinis erat (Master of the Die).

---

[110] Ambrosia, the food of the gods, and nectar, the drink of the gods
[111] Drink

Psȳchē gaudēbat, et spectāvit Cupīdinem gaudentem. Psȳchē ambrosiam ēdit et nectar **bibit**.[112] Statim Psȳchē immortālis erat, et Cupīdo ad eam quam celerrimē īvit.

"Cārissima, **ubī ego sum Gāius**,"[113] Cupīdo incēpit.

"Ego sum Gāia dīvīna," respondit Psȳchē laetissimē.

Tunc cibus apud deōs et deās erat, et deī et deae etiam celebrāre et edere et **bibere**[114] incēpērunt. Venus ad salūtandum nurum suam īvit.

"Salvē, nurus mea," Venus dīxit.

"Salvē, socrus mea," respondit Psȳchē.

Psȳchē adhūc timēbat nē Venus eī nocēre vellet. Venus autem nōn iam īrā maximā afficī vidēbātur. Animō aequō vidēbātur. Psȳchē spērābat habēre familiam novam quam amābat et quā amābātur.

"Gaudeō quia accipiō tē *immortālem* in familiam nostram. Spērō tē mihi veniam datūram esse. Meus fīlius tē amat, et ego etiam tē amābō," dīxit Venus.

---

[112] Drank

[113] In a traditional wedding ceremony, the couple repeated these sentences. In the first book, the couple had said these words too and are repeating them again now that Psyche is immortal.

[114] To drink

Psȳchē nescīvit quid dīceret. Ipsa spērābat sē cum marītō et īnfante laetissimē habitāre. Venus Psȳchae nocuerat, eam pepulerat, et eam interficere voluerat et nunc veniam voluit. Psȳchē fortasse numquam vērē Venerī crēderet. Venus autem adhūc māter marītī et socrus eius erat. Veniam dare poterat. Psȳchē nunc immortālis dea erat!

"Ego quidem veniam tibi dabō. Erō uxor et nurus optima, et fidem praestābō.
Aeternitās[115] est longa, et dēbēmus esse laetae ūnā, nōn īrātae," respondit Psȳchē.

Venus nōn iam īrā afficiēbātur (Caraglio).

"**Tēcum stō**,"[116] dīxit Venus.

Cupīdo et Psȳchē ūnā in lectō erant, et Iuppiter cum Iūnōne in alterō lectō erat. Vulcānus dōnum Cupīdinī et Psȳchae dēdit, et Venus ipsa bāsium Psȳchae dēdit.

[115] Eternity
[116] I agree with you

Venus nōn iam īrā maximā afficiēbātur quia nurum dīvīnam et fīlium gaudentem habēbat. Omnēs deī et deae gaudēbant, sed **nēmō**[117] erat laetior quam Cupīdo et Psȳchē.

Omnēs deī et deae gaudēbant, sed **nēmō** erat laetior quam Cupīdo et Psȳchē (Ghisi).

"Tē valdē amō," dīxit Psȳchē.

"Et ego tē," respondit Cupīdo.

---

[117] No one

Multa bāsia dedērunt, et domum suam ūnā īvērunt. Ancillae et servī Psȳchēn et Cupīdinem salūtāvērunt. Marītus et uxor īvērunt ad dormiendum. Sōle dormiente, lūna sē excitāvit. Haec nox erat splendidissima, et lūna ipsa gaudēbat quia Psȳchē et Cupīdo tandem ūnā erant.

Psȳchē **convēnit in manum Cupīdinis**.[118] Mox Psȳchē fīliam habuit cui nōmen erat **Voluptās**.[119] Cupīdo et Psȳchē gaudēbant quia fīlia erat benigna et laeta. Cupīdo numquam ā Psȳchē discessit; Psȳchē numquam ā Cupīdine discessit.

Psȳchē et Cupīdo ūnā et laetissimē ad **aeternitātem**[120] habitābant.

Psȳchē et Cupīdo tandem laetissimī erant (Thuman).

---

[118] Psyche and Cupid were married in a particular way. In a Roman marriage, a wife could be married *sine manū* or *cum manū*. In a marriage *sine manū*, the wife stayed under the legal control of her father. In a marriage *cum manū*, the wife came under the legal control of her husband. Apuelius uses the expression *convēnit in manum Cupīdinis* to express that Psyche's marriage to Cupid is *cum manū*.

[119] Voluptas means pleasure or delight.

[120] Eternity

Index Verbōrum

A note on using this glossary:

Nouns and some other parts of speech will be grouped together (e.g., all forms of soror will be grouped together) with the definition. Each verb will be listed in alphabetical order separately. This allows a student to look up the forms and the meaning of both volēbat and vellet. I consider words in *italics* cognates, and words in **bold** are glossed.

Word Form	Definition
Ā, ab	Away from, by
Abdōmine (abdōmen, abdōminī)	Abdomen
Accēperat	She had received
Accēpērunt	They received
Accēpistī	You received, accepted
Accēpit	He, she received, accepted
Accipe	Receive
Accipere	To receive, accept
Acciperet	She would accept, receive
Accipiam	I would receive; I will receive
Accipiat	He receives

Word Form	Definition
Accipiēs	You will accept, receive
Accipiētur	It will be received
Accipiō	I receive, accept
Āctum est	It was done
Āctus est	It was done
Ad	To
Adhūc	Still
Adoptābō	I will adopt
Adoptātō	Adopted
Aequō (aequae, aequās, aequum)	Equal; *with animus,* calm
Aeternitās (aeternitātem)	Eternity
Affecta	Affected
Affecta est	She was affected
Affecta sit	She was affected
Affectam	Affected
Affectam esse	To have been affected
Affectus est	He was affected
Afficī	To be affected
Afficiēbantur	They were being affected
Afficiēbātur	She was being affected
Agam	I will do
Agēbant	They were doing
Agēbat	She was doing
Agēmus	We will do
Agenda sunt	Things must be done
Agere	To do
Agerēs	You could do
Ageret	She would do

Word Form	Definition
Agis	You are doing
Agō	I give thanks
Agrōs (agrīs, agrō)	Field
Aliquam (aliquis)	Someone, some
Aliquid	Someone, some
Alia, (aliam, alium, aliud, aliās, aliā, aliō, aliōs)	Another, other
Altera (alteram, alterum, alterā, alterō)	Another (of two)
Amābat	He, she was loving
Amābātur	She was being loved
Amābis	You will love
Amābit	She will love
Amābō	I will love
Amāmus	We love
Amāre	To love
Amāret	He would love
Amārī	To be loved
Amās	You love
Amat	He, she loves
Amātissimam (amātissima, amātissimum)	Most loved
Amātum (amātam)	Loved
Amātūrum esse	To be about to love
Amāverat	She had loved
Amāvī	I loved
Amāvisse	To have loved
Ambrosiam	Ambrosia
Ambulābat	She was walking
Ambulāre	To walk

Word Form	Definition
Ambulāvit	She walked
Ament	They love
Amēs	You love
Amet	He loves
Amō	I love
Amōris (amor, amōre, amōrēs, amōrem)	Love
An	Whether
Ancillam (ancilla, ancillae, ancillās, ancillā)	Slave girl
Animālia	Animal
Animō	Spirit, Mind
Apud	At, at the house of
Aqua (aquā, aquam, aquās)	Water
Aquila (aquilam, aquilae)	Eagle
Arboribus (arborēs, arbore)	Tree
Arcam (arca, arcā)	Box, chest
Arcum (arcū)	Bow
Audī	Hear
<u>Audiō</u>	I hear
Audīre	To hear
Audītū	To hear
Audīverat	It had heard
Audīvī	I have heard
Audīvisset	She had heard
Audīvistī	You heard
Audīvit	She, it heard
Aurea (auream, aureō, aureārum, aureā)	Golden
Aut	Or
Autem	However, Moreover

Word Form	Definition
Auxilium (auxiliō)	Help, assistance
Avia (aviam)	Grandmother
Bāsia (bāsium, bāsiīs)	Kiss
Bene	Well
Benignissimae (benignissimam)	Most kind
Benignus (benigna, benignum)	Kind
Bēstiam (bēstia)	Beast
Bibe	Drink
Bibere	To drink
Bibit	She drank
Bona (bonum)	Good
Caelō	Sky, heaven; *with errāre,* to err greatly
Canem (canī)	Dog
Cape	Seize, take
Capere	To seize, take
Caperet	She would seize
Capiam	I will take
Capiās	You may take
Capienda erat	It had to be seized
Capienda est	It must be seized
Capiendī erant	They had to be seized
Capiendum	To seize
Capita (capitibus)	Head
Capite	Seize, take
Captīs	Having been seized
Carēbat	She was lacking
Cārēns	Lacking

Word Form	Definition
Careō	I lack
Carēs	You lack
Cārissimus (cārissimum, cārissimam, cārissimae, cārissima, cārissime)	Most dear
Cārus (cāram)	Dear
Cecidī	I fell
Cecidit	She fell
Celebrāre	To celebrate
Celer	Quick
Celerius	More quickly
Celerrima	Most quick
Celerrimē	Very quickly; *with quam,* as quickly as possible
Cellam (cellā)	Room, cell
Cēperant	They had seized
Cēperat	She had taken
Cēpērunt	They seized
Cēpī	I seized
Cēpit	He, she took
Cerberus (Cerberō, Cerberum)	Cerberus
Cērerem (Cerēs, Cereris, Cererī, Cerere)	Ceres
Charōn	Charon
Cibum (cibī, cibō, cibus, cibōrum)	Food
Cīvitātem (cīvitātēs, cīvitāte)	State
Clāmābat	She was shouting
Clāmāns (clāmantem, clāmante)	Shouting
Clāmāre	To shout, declare
Clāmāvit	He, she, it shouted
Claudia (Claudiam, Claudiae)	Claudia

Word Form	Definition
Cōcȳtum	Cocytus, *a river in the underworld*
Cōgitābat	He, she was thinking
Cōgitāns	Thinking
Cōgitāre	To think
Cōgitāverat	He had thought
Columba (columbās)	Dove
Condemnās	You condemn
Condemnō	I condemn
Cōnsilium	Plan
Cōnsuētūdō	Consuetudo, *a name meaning habit, custom*
Corpore (corporis, corpus)	Body
Crēdere	To trust
Crēderet	She would trust
Crēdiderat	She had trusted
Crēdidī	I trusted
Crēdidit	She trusted
Crēdita	Trusted
Cui	To whom
Cuius	Whose
Cum	When, Since, With
Cupīdinem (Cupīdō, Cupīdinis, Cupīdine, Cupīdinī)	Cupid
Cūr	Why
Cūrā	*With aliud*, don't worry
Dā	Give
Dabam	I was giving
Dabant	They were giving

Word Form	Definition
Dabat	He was giving
Dabis	You will give
Dabit	She will give; He, she will pay the penalty
Dabō	I will give; I will pay the penalty
Dabunt	They will pay
Danda erat	It had to be paid
Dare	To give
Darent	They would pay
Daret	He, she would give
Darī	To be given
Datā	Having been given
Date	Give
Datīs	Having been given
Datūra	About to give
Datūram (datūrās) esse	To be about to give, to be about to pay the penalty
Dē	About, from
Deam (dea, deae, deās, deārum)	Goddess
Dēbēbat	He, she should
Dēbēmus	We should
Dēbent	They ought, should
Dēbeō	I should
Dēbēre	To ought to
Dēbēret	She should
Dēbēs	You should
Dēbet	Should
Dēbētis	You (pl.) ought, should

Word Form	Definition
Dēbuisset	He, she should have
Dederam	I had given
Dederat	He, she had given
Dederit	He gave
Dedērunt	They gave
Dedī	I gave
Dedisset	She had given
Dedistī	You gave
Dedit	He, she, it gave;
Dēfendentem	Defending
Dem	I give
Dēs	You give
Dēsīderābat	He, she was longing for, missing
Dēsīderat	He longs for, misses
Dēsīderō	I long for, miss
Dētis	You (pl.) give
Deum (deus, deōrum, deī, deōs, deīs, deō)	God
Dīc	Tell
Dīcam	I will say, tell
Dīcēbat	He, she was saying
Dīcendum est	It must be said
Dīcere	To say, tell
Dīcerent	They would say
Dīceret	He, she, it would say, tell
Dīcit	She says
Dīcō	I say, tell
Dictō (dictīs)	Having been said

Word Form	Definition
Dictū	To say
Difficile (difficilem, difficilis)	Difficult
Difficilius	More difficult
Digna (dignam, dignus)	Worthy
Discēde	Depart, Go away
Discedere	To depart
Discēderet	He would depart
Discesserat	He, she had departed
Discessērunt	They departed
Discessisset	He had departed, gone away
Discessistī	You departed
Discessit	He, she departed
Diū	For a long time
Dīvīnum (dīvīnī, dīvīnam, dīvīnā, dīvīnus, dīvīna)	Divine
Dīxerant	They had said
Dīxerat	He, she had said
Dīxī	I said
Dīxisset	She had said
Dīxistī	You said
Dīxit	He, she, it said
Dō	I give
Dolōre (dolor, dolōrēs)	Pain, grief
Dominam	Mistress
Domō (domum, domus)	Home
Dōna (dōnōrum, dōnum)	Gift
Dormiēbat	He, she was sleeping
Dormiendum	To sleep

Word Form	Definition
Dormientem (dormiēns, dormientēs, dormiente)	Sleeping
Dormīre	To sleep
Dormit	He is leeping
Dormiunt	They sleep
Dormīvisset	She, it had slept
Dormīvit	He, she, it slept
Dūcat	He should lead
Dūcere	To marry
Dūcerēs	You would marry
Dūceret	He would marry
Dūcet	He will marry
Dūcit	It leads
Dūcite	Lead
Ductūram esse	To be about to marry
Dūxerat	He had married
Dūxī	I married
Dūxisse	To have married
Dūxit	He had married; she, it led
Ē, ex	Out of, from
Ea	She
Eā	Her, it
Eam	Her, it
Eās	Them
Ecce	Behold
Edāmus	Let's eat
Edē	Eat

Word Form	Definition
Edēbat	She was eating
Edendus erat	Had to be eaten
Ēderant	They had eaten
Edere	To eat
Ederet	She would do
Ēdērunt	They ate
Ēdit	She ate
Ēgerant	They had done
Ēgerat	He, she had done
Ēgī	I did
Ēgisset	She had done
Ēgistī	You did
Ēgit	You could do
Ego	I
Eī	To, for her, him; by her
Eīs	Them
Eius	His, her
Ēlegans	Elegant
Ēlegantissima (ēlegantissimum, ēlegantissimam)	Most elegant
Eōrum	Their
Eōs	Them
Erant	He, she, it was
Erās	You were
Erat	He, she, it was
Erimus	We will be
Eris	You will be
Erit	He, she, it will be

Word Form	Definition
Erō	I will be
Errābant	They were erring
Errābat	He, she was wandering, erring
Errāre	To err
Errās	You wander, err
Errat	She wanders, errs
Errāverat	He had erred
Errāvisset	She had wandered
Errāvit	She erred
Erunt	They will be
Es	You are
Ēsō	Eaten
Esse	To be
Essent	They would be, were
Esset	He, she was; would be
Est	He, she, it is
Ēsūrum esse	Would eat; to be about to eat
Et	And
Etiam	Also, even
Eum	Him
Excitāret	He would wake up
Excitāverat	He had woken up
Excitāvisset	It had woken up
Excitāvit	She, it woke up
Facere	To make
Faciam	I will make

Word Form	Definition
Faciant	They would make
Faciēbant	They were making
Faciendī sunt	They must be made
Facientēs	Making
Facit	She makes
Faciunt	They make
Factō	Having been made
Familia (familiā, familiam, familiae)	Family
Fēmina (fēminam, fēminae, fēminās, fēminīs, fēminārum)	Woman
Fer	Bear, carry
Feram	I will bring
Ferat	She is bringing
Ferēbat	She was bearing
Ferenda est	It must be brought
Ferentem (ferēns)	Bearing, bringing
Ferret	She would bring
Ferre	To bear, carry, bring
Fervente	Boiling hot
Fessa	Tired
Fessissima (fessissimus)	Very tired
Fidem	Faith; *with praestō*, to be loyal
Fīlia (fīliam)	Daughter
Fīlius (fīlium, fīliī, fīliō)	Son
Flēbat	She was crying
Flēns (flente, flentem)	Weeping
Flēre	To weep
Flēs	You cry

Word Form	Definition
Flēvit	She, he wept
Floccōs	Wisp
Flūmen (flūminis, flūmine, flūmina)	Stream, river
Fons (fontis, fonte, fontem, fontī)	Fountain
Formīcae (formīcās)	Ant
Formīcula	Little ant
Fortasse	Possibly
Frūmentum (frūmentōrum)	Grain
Fuerant	They had been
Fuerat	He, she, it had been
Fuge	Flee
Fūgerat	He had fled
Fugere	He had fled
Fūgērunt	They fled
Fugiēns	Fleeing
Fūgisset	He, she had fled
Fūgit	He, she, it fled
Fuisset	She would have been
Futūra (futūrus)	About to be
Futūrum (futūram) esse	To be about to be
Gāius (Gāia)	Gaius & Gaia
Gaudēbant	They were rejoicing
Gaudēbat	Rejoicing
Gaudentem (gaudēns)	Rejoicing
Gaudeō	I rejoice
Gaudēre	To rejoice
Gaudēret	She would rejoice

Word Form	Definition
Genera (generibus)	Type, kind
Gladium	Sword
Grātiās	Thanks
Gravida (gravidam, gravidae)	Pregnant
Habeam	I should have
Habēbant	They were having
Habēbat	She was having
Habēbis	You will have
Habēbit	He will have
Habēbō	I will have
Habent	They have
Habeō	I have
Habēre	To have
Habēret	He, she would have
Habēs	You have
Habet	He has
Habitābant	They were living
Habitābimus	We will live
Habitāre	To live
Habitat	She lives
Habitāverat	He had lived
Habitūrum esse	To be about to have
Habuisset	She had had
Habuit	She had
Hāc	This
Hae	These
Haec	This, these
Hahahae	Hahaha

Word Form	Definition
Hanc	These
Hās	These
Hem	Umm
Hī	These
Hic	This
Hīs	These
Hoc	This
Hōc	This
Horribilēs (horribilis, horribilem, horribile, horribilī)	Horrible
Huius	Of this
Hunc	This
Ī	Go
Ībat	He, she had gone
Ībō	I will go
Id	It
Illa	That, the
Illā	That
Illam	That
Ille	That
Illō	That
Illud	That
Illum	That
Imāginem	Image, figure
Immortālis (immortālem, immortālēs, immortālī)	Immortal
In	Into, onto
Incēperat	She had begun

Word Form	Definition
Incēpērunt	They began
Incēpit	He, she, it began
Īnfantem (īnfantis, īnfāns, īnfantī, īnfante, īnfantēs)	Infant
Īnferīs (īnferōs)	The lower world
Inquit	He, she, it said
Īnsāna	Insane
Interfēcerat	She had killed
Interfēcī	I killed
Interfēcistī	You killed
Interfectūrās esse	To be about to kill
Interficere	To kill
Interficerēs	You would kill
Interficeret	She would kill
Interficiam	I will kill
Inveniam	I will find
Inveniās	You find
Inveniēbat	They were finding
Inveniendum	To find
Inveniendum erat	It had to be found
Inveniendus erat	He had to be found
Inveniendus est	He must be found
Inveniēs	You will find
Inveniet	He, she will find
Invenīre	To find
Invenīrem	I would find
Invenīrent	They would find
Invenīret	He, she would find

Word Form	Definition
Invēnit	He, she found
Inventō	Having been found
Inventūram esse	To be about to find
Invidiā (invidiae)	By envy
Iovem (Iove, Iuppiter, Iovis, Iovī)	Jupiter
Ipsa	Herself
Ipsae	Themselves
Ipsam	Herself
Ipsās	Themselves
Ipse	Himself, itself
Ipsīs	Themselves
Ipsōs	Themselves
Ipsum	Himself
Īrā (īrae, īram, īrā)	Anger
Īrātior	Angrier
Īrātissima (īrātissimam, īrātissimus)	Very angry
Īrātissimē	Very angrily
Īrātus (īrātae, īrāta, īrātus)	Angry
Īre	To go
Īret	He, she would go
Istā	Those
Istae	To that
Istam	That
Iste	That
Istī	To that
Istīs	Those
Istum	That

Word Form	Definition
Iter (itinere)	Journey
Iterum	Again
Iubeō	I order
Iūnōnem (Iūnō, Iūnōnī, Iūnōnis)	Juno
Iūrāte	Swear
Iūrāvērant	They had sworn
Iūrāverat	She had sworn
Iūrāvī	I swore
Iūrāvit	She swore
Iūrō	I swear
Iusserat	She had ordered
Iusseris	You will have ordered
Iussī	I ordered
Iussistī	You ordered
Iussit	He, she ordered
Iuvenis	Young man, young woman
Īverat	He, she had gone
Īvērunt	They went
Īvī	I went
Īvit	He, she it went
Labōrābant	They were working
Labōrantem (labōrantēs)	Working
Labōrās	You work
Labōrēs	You should work
Labor (labōrēs, labōrem, labōre, labōribus)	Labor, work
Labōrō	I work
Laeta (laetae)	Happy

Word Form	Definition
Laetior	Happier
Laetissima	Happiest
Laetissimē	Very happily
Lānam (lāna, lānārum, lānā)	Wool
Lectō	Bed, couch
Lēgitimae (lēgitimus)	Legitimate
Licēre	To be permitted
Licet	It is permitted
Licuit	It was permitted
Linguā	Tongue
Longa (longum)	Long, far
Longiōrem	Longer
Lūnā (lūna, lūnam)	Moon
Magnus (magnā, magnum, magnō, magnī)	Great
Malās (malae, mālum, mala)	Bad
Male	Badly
Malefica	Witch
Manum (manū, manibus, manūs)	Hand
Marītus (marītum, marītō, marītī, marīte)	Husband
Māter (mātrī, mātris, mātrem, mātre, mātribus)	Mother
Maximam (maximā, maximō, maximum, maximus, maximās, maximae)	Greatest, largest
Mē	Me
Meam (meum, meus, meō, meīs, mea, meās, meae, meī, mī)	My
Mēcum	With me
Meliōrem (melior, meliōra)	Better
Melius	Better

Word Form	Definition
Memoriā (memoriae)	Memory
Mendāx (mendācēs)	Liar
Mercurium (Mercurius)	Mercury
Merēs	You deserve
Meret	She deserves
Meruerant	They had deserved, earned
Meruerat	She had deserved
Meruit	He, she deserved
Mihi	To me
Mīrābantur	They were wondering, marveling at
Mīrābātur	She, he was wondering, marveling at
Mīrābile	Amazing, wonderful
Mīrantēs (mīrans)	Wondering, marveling at
Mīrantur	They wonder, marvel at
Mīrārētur	He would wonder
Mīrāta est	She wondered, marveled at
Mīrātī erant	They had marveled at
Mīrātus erat	He had wondered, marveled at
Mīrātus est	He wondered, marveled at
Mīror	I wonder, marvel at
Miserrimae (miserrima, miserrimam)	Most miserable
Monte (montem)	Mountain
Montem Olympum	Mount Olympus
Moritūra	About to die
Moriuntur	They die

Word Form	Definition
Mortālis (mortālem, mortālēs, mortālī)	Mortal
Mortua erās	You had died
Mortua esset	She were dead
Mortua est	She died
Mortuae (mortuam, mortua, mortuōrum, mortuōs, mortuī, mortuus, mortuīs, mortuā, mortuās)	Dead
Mox	Soon
Multō (multa, multum, multae, multās, multī, multōs, multam, multīs)	Many, much
Nē	Lest, that not
Ne (enclictic)	Used for questions
Necesse	Necessary
Nectar	Nectar
Nēmō	No one
Nesciēbat	She was not knowing
Nesciō	I do not know
Nescīret	He would not know
Nescīs	You do not know
Nescit	He does not know
Nescīverat	She had not known
Nescīvērunt	They did not know
Nescīvistī	You did not know
Nescīvit	He, she did not know
Nī	Not, *with quid*, why not?
Nihil, nīl	Nothing
Nisi	If not
Nocēbat	She was hurting
Nocēbō	I will harm, hurt

Word Form	Definition
Nocēre	To harm, hurt
Nocērent	They would harm, hurt
Nocēret	She would harm, hurt
Nocērī	To be harmed
Nocitūram esse	To be about to harm
Nox (nocte, noctem)	Night
Nocuerat	She had hurt
Nōlēbant	They were not wanting
Nōlēbat	He, she was not wanting
Nōlī	Don't
Nōllet	He would not want
Nōlō	I do not want
Nōluerat	She had not wanted
Nōluit	She did not want
Nōmen (nōmine)	Name
Nōn	Not
Nōn iam	No longer
Nonne	Question expecting yes answer
Nōs	We
Nostrum (nostrae, noster, nostrās, nostram)	Our
Novam (nova, novī, novō, novus, novum)	New, strange
Novissimum	Newest, strangest
Numquam	Never
Nunc	Now
Nūptiae (nūptiās, nūptiīs)	Marriage
Nurus (nurum)	Daughter-in-law
Ō	Oh

Word Form	Definition
Oculīs	Eye
Odiō	For hatred
Oleō	Oil
Omnēs (omnia, omnibus)	All, every
Optimae (optima, optimum, optimā)	Best
Ōrāculum	Oracle
Orbe terrārum	World
Ovēs (ovium)	Sheep
Paene	Almost
Partēs (pars, partem)	Part
Parva (parvum, parvam, parvā)	Small
Parvula	Very small; dear little
Pater (patrem)	Father
Paulum (paulō)	A little, a small amount
Pecūniā (pecūniam)	Money
Pellam	I will strike, beat; I would strike, beat
Pellēbant	They were striking, beating
Pellēbat	She was striking, beating
Pellere	To strike, beat
Pelleret	She would strike
Pellerētur	She would be beaten
Pellite	Strike, beat
Pepulerat	She had struck, beat
Pepulit	She, it hit
Per	Through
Perīculōsissimus (perīculōsissīmō, perīculōsissimum)	Most dangerous

Word Form	Definition
Perīculōsum (perīculōsās, perīculōsa, perīculōsus, perīculōsō, perīculōsam)	Dangerous
Pessimē	Worst (adv)
Pessimum (pessimārum, pessimīs, pessimam, pessimī, pessimus, pessimae, pessima, pessimā)	Worst
Placēre	To please
Placet	It pleases
Plūtō (Plūtōnis)	Pluto
Poenam (poena, poenās)	Penalty; *with dare*, pay the penalty
Pōnam	I will put
Pōnās	You should put
Pōnentem (pōnēns)	Putting
Pōnere	To put
Pōnerent	They would put
Pōnet	She will put
Posita sunt	They were put
Positīs	Having been put
Posse	To be able to
Possem	I would be able
Possent	They would be able
Possēs	You would be able
Posset	He, she would be able to
Possīs	You may be able to
Possum	I am able to
Possumus	We are able to
Possunt	They are able
Posuerant	They had thought
Posuerat	She had put

Word Form	Definition
Posuerit	She put
Posuī	I put
Posuisse	To have put
Posuisset	She had put
Posuit	He, she put
Poterant	They were able
Poterat	He, She could
Potes	You are able
Potest	He, she, it is able
Potuerat	She had been able
Potuī	I was able
Potuit	She was able
Praesta	Be loyal
Praestābō	I will be loyal
Praestāre	To be loyal
Praestās	You are faithful
Praestat	He, she is loyal
Praestiterat	He, she had been loyal
Praestitit	She was not loyal
Precābātur	She was praying
Precāberis	You will pray
Precāns (precantem)	Praying
Precantur	They pray
Precārentur	They would pray
Precārī	To pray
Precāta erat	She had prayed
Precāta est	She prayed

Word Form	Definition
Precātur	She prays
Precātus erat	He had prayed
Precātus est	He prayed
Prope	Near
Proserpinam (Proserpina, Proserpinae)	Persephone
Psȳchē (Psȳchae, Psȳchēn, Psȳchēs)	Psyche
Pulcher (pulchra)	Handsome, beautiful
Pulcherrima (pulcherrimam, pulcherrimus, pulcherrimae, pulcherrimum, pulcherrimam)	Very handsome, beautiful
Pulchrior	Prettier
Pulchritūdinis (pulchritūdine, pulchritūdinem)	Beauty
Pulsa	Beaten
Pulsa erat	She had been beaten
Putābant	They were thinking
Putābat	She was thinking
Putābunt	They will think
Putant	They think
Putās	You think
Putāverant	They had thought
Putāverat	She had thought
Putāvī	I thought
Putāvit	He, she thought
Putō	I think
Quā	In which
Quā dē causā	For which reason
Quae	Who, which
Quālis	What sort, what kind

Word Form	Definition
Quam	How, than
Quam	Whom, what
Quās	Whom, which
Quem	Whom, what
Quī	Who, which
Quia	Because
Quibus	In which, which
Quid	What
Quidem	Certainly
Quis	Who
Quō	Where, to what place;
Quōmodo	How
Quōs	Which
Refert	*With quid*, it doesn't matter
Rēgis (rēgem, rēx)	King
Respondēre	He, she, it answered, responded
Respondērent	They would respond
Respondēret	She would respond
Respondit	He, she, it answered, responded
Retulit	*With quid*, it doesn't matter
Revēnerant	They had returned
Revēnerat	He, she had returned
Revēnērunt	They returned
Revenī	Return
Revēniam	I will return

Word Form	Definition
Reveniant	They return
Revēnīre	To return
Revēnīret	She would return
Revēnisset	He had returned
Revēnistī	You returned
Revēnit	She returned
Reventūram esse	To be about to return
Reventūrus	About to return
Rīdēbat	He, she was smiling
Rīdentem (rīdēns)	Smiling
Rīdēre	To smile
Rīdēret	She would laugh, smile
Rīdērētur	She would be laughed at
Rīdēs	You are laughing
Rīdiculum (rīdiculus)	Ridiculous
Rīserat	She had laughed
Rīsit	She laughed, smiled
Rīsūram esse	To be about to laugh
Rogandum	To ask
Rogāre	To ask
Rogāret	She would ask
Rogat	She asks
Rogāverant	They had asked
Rogāverat	He, she had asked
Rogāvī	I asked
Rogāvistī	You asked
Rogāvit	He, she, it asked
Rogem	I ask

Word Form	Definition
Rogō	I ask
Rūpem	Cliff
Sacrificia	Sacrifice
Saevam (saeva, saevae, saevum)	Savage, cruel
Saevissimam (saevissima, saevissimā, saevissimō, saevissimae)	Most savage, most cruel
Saevissimē	Very savagely
Sagittās (sagittīs, sagittam, sagittā)	Arrow
Saltū	Leap
Salūtandum	To greet
Salūtāre	To greet
Salūtāvērunt	They greeted
Salūtāvit	She greeted
Salūtem	I may greet
Salvē (salvēte)	Hello
Sciam	I will know
Scīmus	We know
Sciō	I know
Scīre	To know
Scīret	She would know
Scīs	You know
Sciunt	We know
Scīverant	They had known
Scīvērunt	They found
Scīvit	He, she knew
Sē	Himself, herself; he, she
Sēcum	With her
Secūta erat	She had followed, obeyed

Word Form	Definition
Secūta est	She followed, obeyed
Secūta fuisset	She had followed, obeyed
Secūta sum	I followed, obeyed
Secūta	Having followed, obeyed
Secūtus es	You obeyed
Secūtus est	He obeyed
Secūtus erat	He had obeyed
Sed	But
Semper	Always
Sequar	I will follow, obey
Sequēbātur	She was not following, obeying
Sequēris	You will follow, obey
Sequī	To follow, obey
Serpentem (serpēns, serpentēs, serpentibus	Snake
Servus (servum, servōs, servī)	Slave
Sī	If
Sibi	To/for himself, herself, themselves
Sīcut	Just like
Silvā (silvam, silvās)	Forest, woods
Sine	Without
Singula	One at a time, individual
Sit	He, she, it is, may be
Socrum (socrus, socruī)	Mother-in-law
Sōl (sōlem, sōle)	Sun
Sōla (sōlā, sōlus)	Alone, lonely
Sollicitūdō	Sollicitudo, *a name meaning anxiety, trouble*

Word Form	Definition
Somnīs (somnia)	Dream
Somnum (somnus)	Sleep
Sorōrēs (sorōribus, sorōrum, sorōrem, sorōris, sorōre, soror)	Sister
Spectā	Watch, Look at
Spectābant	They were watching
Spectābat	She was watching
Spectāre	To look at, watch
Spectāvit	He, she, it looked at, watched
Sperābat	She was hoping
Spērāns	Hoping
Spērāre	He, she hoped
Spērat	She hopes
Spērāvit	He, she hoped
Spērō	He, she hoped
Splendidissimum (splendidissima)	Most splendid
Splendidus	Splendid
Stāre	To agree
Statim	Immediately
Stō	I agree
Ssst	Shh!
Stultissimus (stultissima)	Most foolish, stupid
Stultus (stultō, stulta, stultam, stulte, stultum)	Foolish, stupid
Stygem (Styx)	Styx, *a river in the underworld*
Sub	Under
Subitō	Suddenly

Word Form	Definition
Sum	I am
Sunt	They are
Suum (suā, suās, suō, suīs, suī, suam, suae, suus, suō, sua)	His, her, their own
Tandem	Finally
Tangere	To touch
Tē	You
Tēcum	With you
Templīs (templa, templum, templō)	Temple
Tenē	Remember
Tenēbant	They were remembering
Tenēs	You remember
Tenuerat	She had remembered
Tenuit	He, she remembered
Terram (terrā)	Land, ground
Terrōrī (terrōris, terrōre, terrōrem)	Terror
Tetigit	He, she touched
Tibi	To, for you
Timēbant	They were fearing
Timēbat	He, she, it was fearing
Timēns	Fearing
Timeō	I fear
Timēre	To fear
Timuerat	She had feared
Tot	So many
Tōtō	Whole, entire
Trāns	Across
Tria (trēs, tribus)	Three

Word Form	Definition
Trīstis	Sad
Trīstissima (trīstissimus)	Saddest
Tristitiēs	Tristities, *a name meaning sadness*
Tū	You
Tulerat	He had brought
Tulī	I have brought
Tulistī	Bearing, bringing
Tulit	He brought, carried
Tullia (Tulliam, Tulliae)	Tullia
Tunc	Then
Turpis (turpem, turpī)	Ugly
Turpissima	Ugliest
Tuum (tuō, tuus, tuam, tua, tuīs, tuae, tuī)	Your
Ubī	Where, when
Ulula (ululae)	Owl
Ūnā	Together
Ūsa erat	She had used
Ūsa est	She used
Ut	So that, that, that not, as
Ūtēbantur	They were using
Ūtēbātur	He was using
Ūterētur	He, she would use
Ūtī	To use
Ūtitur	He uses
Ūtor	I use
Uxor (uxōrem, uxōre, uxōris, uxōribus, uxōrī)	Wife

Word Form	Definition
Vae	Bah
Valdē	Greatly
Velim	I would like
Velit	He would want
Velle	To want
Vellera (vellere)	Fleece
Vellet	He, she would want
Vendam	I would sell
Vendenda erat	She had to have been sold
Vendere	To sell
Venderet	She would sell
Venderētur	She would be sold
Vendēs	You will sell
Vendet	She will sell
Vendī	To be sold
Veniam	I may see
Vēnerant	They had come
Vēnerat	She had come
Venerem (Venus, Venerī, Veneris, Venere)	Venus
Vēnērunt	They came
Venī (venīte)	Come
Vēnī	I came
Veniam	Pardon, *with dare*, to forgive
Venientem	Coming
Venīret	He would come
Vēnisse	To have come
Vēnisset	She had come

Word Form	Definition
Vēnistī	You have come
Vēnistis	You (pl) have come
Vēnit	She, it came
Ventus (ventum)	Wind
Vērē	Truly
Vērum (vērus, vēra, vērae, vēram, vērās)	True, real
Viās (viam, via)	Road
Videam	I may see
Vidēbant	They were seeing
Vidēbantur	They were seeming
Vidēbat	She was seeing
Vidēbātur	He, she was seeming
Vidēbimus	We will see
Vidēbis	You will see
Videndum	To see
Vīderant	They had seen
Vīderat	He, she, it had seen
Vidēre	To see
Vidērem	I would see
Vidēret	He, she would see
Vidērētur	She would not seem
Vidērī	To seem
Vidēris	You seem
Vīdērunt	They saw
Vidēs	You see
Vidētur	She, it seems
Vīdī	I saw

Word Form	Definition
Vīdisse	To have seen
Vīdissent	They had seen
Vīdistī	You saw
Vīdit	He saw, she saw
Virī (virum, vir, virōs)	Man
Vīs	You want
Vīsū	To see
Vīsum erat	It had seemed
Vīsūra	About to see
Vīsūram (vīsūrum) esse	To be about to see
Vōbīs	To you (pl)
Volābat	He was flying
Volāns (volantem)	Flying
Volāre	To fly
Volāverat	He had flown
Volāvit	He, it flew
Volēbant	They were wanting
Volēbat	He, she was wanting
Volō	I want
Voluerant	They had wanted
Voluerat	She had wanted
Voluisset	She had wanted
Voluit	He, she, it wanted
Voluptās	Pleasure
Vulcānus	Vulcan
Vulnerābātur	He was wounded
Vulnerāre	To wound, injure
Vulnerāret	She would wound

Word Form	Definition
Vulnerat	She injures
Vulnerātus (vulnerātum, vulnerātō)	Wounded
Vulnerātus erat	He had been wounded
Vulnerātus est	He was wounded
Vulnerāverat	She had wounded
Vulnerāvī	I wounded
Vulnerāvistī	You wounded
Vulnerāvit	She wounded
Vult	She wants
Zephyrus (Zephyrum, Zephyre)	Zephyr

Dictionary

A note on using this dictionary:

Unlike the glossary, the dictionary provides the full dictionary entry for the word. In addition to providing the dictionary entry and definition, the frequency in which the word generally appears in Latin literature is provided. The Dickinson Core Vocabulary and *Essential Latin Vocabulary* were used in creating the frequency rating.

When a number appears, the Dickinson Core Vocabulary, which is a list of 1000 words, was used. The abbreviation ELV indicates when a word did not appear in the Dickinson list but appears on the list in *Essential Latin Vocabulary*. *Essential Latin Vocabulary*'s list is 1,425 words, so presumably the word appears in approximately the last 425 words. A blank indicates that the word infrequently occurs in Latin literature.

Words in **bold** are glossed vocabulary words. I consider the words in *italics* to be cognates.

Dictionary Entry	Definition	DCC / ELV
Ā, ab	Away from, by	21
Abdōmen, abdōminis, n.	Abdomen	
Accipiō, accipere, accēpī, acceptus	Receive, accept	110
Ad	To	14
Adhūc	Still	379

Dictionary Entry	Definition	DCC / ELV
Adoptō, adoptāre, adoptāvī, adoptātus	Adopt	
Aequus, aequa, aequum	Equal; *with animus,* calm	610
Aeternitās, aeternitātis, f.	Eternity	
Afficiō, afficere, affēcī, affectus	Affect	958
Ager, agrī, m.	Field	324
Agō, agere, ēgī, actus	Do; *with grātiās,* to give thanks	69
Aliquis, aliquid	Someone, some	77
Alius, alia, aliud	Other, another; *with cūrā,* don't worry	37
Alter, altera, alterum	Another, other	148
Ambrosia, ambrosiae, f.	Ambrosia	
Ambulō, ambulāre, ambulāvī, ambulātus	Walk	ELV
Amō, amāre, amāvī, amātus	Love	219
Amor, amōris, m.	Love	116
An	Whether	94
Ancilla, ancillae, f.	Slave girl	ELV
Animal, animālis, n.	Animal	547
Animus, animī, m.	Spirit, Mind	40
Apud	At, at the house of	205
Aqua, aquae, f.	Water	272
Aquila, aquilae, f.	Eagle	
Arbor, arboris, f.	Tree	468
Arca, arcae, f.	Box, chest	
Arcus, arcūs, m.	Bow	ELV
Audiō, audīre, audīvī, audītus	Hear	165
Aureus, aurea, aureum	Golden	691

Dictionary Entry	Definition	DCC / ELV
Aut	Or	24
Autem	However, Moreover	123
Auxilium, auxiliī, n.	Help, assistance	543
Avia, aviae, f.	Grandmother	
Bāsium, bāsiī, n.	Kiss	
Benignus, benigna, benignum	Kind	ELV
Bēstia, bēstiae, f.	Beast	
Bibō, bibere, bibī, bibitus	Drink	ELV
Bonus, bona, bonum	Good	68
Cadō, cadere, cecidī, cāsus	Fall	210
Caelum, caelī, n.	Sky, heaven; *with errāre,* to err greatly	117
Canis, canis, m./f.	Dog	687
Capiō, capere, cēpī, captus	Seize, take	131
Caput, capitis, n.	Head	124
Careō, carēre, caruī, caritus	Lack	572
Cārus, cāra, cārum	Dear	462
Celebrō, celebrāre, celebrāvī, celebrātus	Celebrate	893
Celer, celeris, celere	Quick	745
Cella, cellae, f.	Room, cell	
Cerberus, Cerberī, m.	Cerberus	
Cerēs, Cereris, f.	Ceres	
Charōn, Charontis, m.	Charon	
Cibus, cibī, m.	Food	863
Cīvitās, cīvitātis, f.	State	346
Clāmō, clāmāre, clāmāvī, clāmātus	Shout, declare	ELV
Claudia, Claudiae, f.	Claudia	

Dictionary Entry	Definition	DCC / ELV
Cōcȳtus, Cōcȳtī, m.	Cocytus, *a river in the underworld*	
Cōgitō, cōgitāre, cōgitāvī, cōgitātus	Think	515
Columba, columbae, f.	Dove	
Condemnō, condemnāre, condemnāvī, condemnātus	Condemn	
Cōnsilium, cōnsiliī, n.	Plan	217
Cōnsuētūdō, Cōnsuētūdinis, f.	Consuetudo, *a name meaning habit, custom*	954
Corpus, corporis, n.	Body	75
Crēdō, crēdere, crēdidī, crēditus	Trust	109
Cum	When, Since, With	10
Cupīdo, Cupīdinis, m.	Cupid	
Cūr	Why	404
Cūrō, cūrāre, cūrāvī, cūrātus	Care; *with aliud*, don't worry	743
Dē	About, from	46
Dea, deae, f.	Goddess	42
Dēbeō, dēbēre, dēbuī, dēbitus	Should, ought	155
Dēfendō, dēfendere, dēfendī, dēfēnsus	Defend	653
Dēsīderō, dēsīderāre, dēsīderāvī, dēsīderātus	Long for, miss	892
Deus, deī, m.	God	42
Dīcō, dīcere, dīxī, dictus	Say, tell	33
Difficilis, difficile	Difficult	861
Dignus, digna, dignum	Worthy	291
Discēdō, discēdere, discessī, discessus	Depart, go away	726
Diū	For a long time	361

Dictionary Entry	Definition	DCC / ELV
Dīvīnus, dīvīna, dīvīnum	Divine	ELV
Dō, dare, dedī, datus	Give; *with poena*, pay the penalty	28
Dolor, dolōris, m.	Pain, grief	193
Domina, dominae, f.	Mistress	241
Domus, domī, f.	Home	73
Dōnum, dōnī, n.	Gift	476
Dormiō, dormīre, dormīvī, dormītus	Sleep	975
Dūcō, dūcere, dūxī, ductus	Lead; *with uxorem*, to marry	133
Ē, ex	Out of, from	26
Ecce	Behold	643
Edō, edere, ēdī, ēsus	Eat	ELV
Ego	I, me	11
Ēlegans, ēlegantis	Elegant	
Eō, īre, īvī, itus	Go	97
Errō, errāre, errāvī, errātus	Err, wander	402
Et	And	1
Etiam	Also, even	67
Excitō, excitāre, excitāvī, excitātus	Wake up	
Faciō, facere, fēcī, factus	Make	32
Familia, familiae, f.	Family, household	943
Fēmina, fēminae, f.	Woman	501
Ferō, ferre, tulī, lātus	Bring, bear, carry	45
Fervēns, ferventis	Boiling hot	
Fessus, fessa, fessum	Tired	625
Fides, fideī, f.	Faith; *with praestō*, to be loyal	184

Dictionary Entry	Definition	DCC / ELV
Fīlia, fīliae, f.	Daughter	909
Fīlius, fīliī, m.	Son	909
Fleō, flēre, flēvī, flētus	Cry	457
Floccus, floccī, m.	Wisp	
Flūmen, flūminis, n.	Stream, river	283
Fōns, fontis, m.	Fountain	706
Formīca, formīcae, f.	Ant	
Fortasse	Possibly	833
Frūmentum, frūmentī, n.	Grain	936
Fugiō, fugere, fūgī, fugitus	Flee	177
Gāia, Gāiae, f.	Gaius & Gaia	
Gāius, Gāiī, m.		
Gaudeō, gaudēre, gāvīsus sum	Rejoice	407
Genus, generis, n.	Type, kind	170
Gladius, gladiī, m.	Sword	862
Grātia, grātiae, f.	Gratitude; *with agere*, to give thanks	380
Gravidus, gravida, gravidum	Pregnant	
Habeō, habēre, habuī, habitus	Have	39
Habitō, habitāre, habitāvī, habitātus	Live	ELV
Hahahae	Hahaha	
Hem	Umm	
Hic, haec, hoc	This	7
Horribilis, horribile	Horrible	
Ille, illa, illud	That, those	8
Imāgō, imāginis, f.	Image, figure	754

Dictionary Entry	Definition	DCC / ELV
Immortālis, immortālis, immortāle	Immortal	ELV
In	In, on; into, onto	5
Incipiō, incipere, incēpī, inceptus	Begin	411
Īnfāns, īnfantis, m./f.	Infant	
Īnferī, īnferōrum, m.	The lower world	428
Inquit	Say	163
Īnsānus, īnsāna, īnsānum	Insane	
Interficiō, interficere, interfēcī, interfectus	Kill	699
Inveniō, invenīre, invēnī, inventus	Find	316
Invidia, invidiae, f.	Envy	707
Ipse, ipsa, ipsum	Himself, herself, itself	22
Īra, īrae, f.	Anger	187
Īrātus, īrāta, īrātum	Angry	ELV
Is, ea, id	He, she, it, they	13
Iste, ista, istud	That, that of yours	81
Iter, itineris, n.	Journey	230
Iterum	Again	758
Iubeō, iubēre, iussī, iussus	Order	84
Iūnō, Iūnōnis, f.	Juno	
Iuppiter, Iovis, m.	Juppiter	
Iūrō, iūrāre, iūrāvī, iūrātus	Swear	896
Iuvenis, iuvenis, m./f.	Young man, young woman	277
Labor, labōris, m.	Labor, work	201
Labōrō, labōrāre, labōrāvī, labōrātus	Labor, work	900
Laetus, laeta, laetum	Happy	262

Dictionary Entry	Definition	DCC / ELV
Lāna, lānae, f.	Wool; *with facere*, to spin	
Lectus, lectī, m.	Bed, couch	
Lēgitimus, lēgitima, lēgitimum	Legitimate	
Licet, licēre, licuit, licitum est	It is permitted	175
Lingua, linguae, f.	Tongue	732
Longus, longa, longum	Long, far	142
Lūna, lūnae, f.	Moon	902
Magnus, magna, magnum	Great	25
Malefica, maleficae, f.	Witch	
Malus, mala, malum	Bad	227
Manus, manūs, f.	Hand	48
Marītus, marītī, m.	Husband	654
Māter, mātris, f.	Mother	127
Memoria, memoriae, f.	Memory	627
Mendāx, mendācis	Liar	
Mercurius, Mercuriī, m.	Mercury	
Mereō, merēre, meruī, meritus	Deserve, earn	852
Meus, mea, meum	My	41
Mīrābilis, mīrābile	Amazing, wonderful	
Mīror, mīrārī, mīrātus sum	Wonder, marvel at	504
Miser, misera, miserum	Miserable	137
Mōns Olympus, Montis Olympī, m.	Mount Olympus	
Mōns, montis, m.	Mountain	242
Morior, morī, mortuus sum	Die	253
Mortālis, mortāle	Mortal	950
Mox	Soon	469

Dictionary Entry	Definition	DCC / ELV
Multus, multa, multum	Many, much	43
Nē	Lest, that not	47
Ne (enclictic)	Used for questions	238
Necesse	Necessary	773
Nectar, nectaris, n.	Nectar	
Nēmō, nēminis	No one	179
Nesciō, nescīre, nescīvī, nescītus	Not know, be ignorant	525
Nī	Not, *with quid*, why not?	
Nihil, nīl	Nothing	55
Nisi	If not	ELV
Noceō, nocēre, nocuī, nocitus	Harm, hurt	509
Nōlō, nōlle, nōluī	Not want	458
Nōmen, nōminis, n.	Name	135
Nōn	Not	6
Nōn iam	No longer	
Nonne	Question expecting yes answer	ELV
Nōs	We	51
Noster, nostra, nostrum	Our	52
Novus, nova, novum	New, strange	139
Nox, noctis, f.	Night	119
Numquam	Never	251
Nunc	Now	50
Nūptiae, nūptiārum, f.	Marriage	
Nurus, nurūs, f.	Daughter-in-law	
Ō	Oh	ELV
Oculus, oculī, m.	Eye	206

Dictionary Entry	Definition	DCC / ELV
Odium, odiī, n.	Hatred	522
Oleum, oleī, n.	Oil	
Omnis, omne	All, every	18
Ōrāculum, ōrāculī, n.	Oracle	
Orbis, orbis, m.	World	322
Ovis, ovis, f.	Sheep	
Paene	Almost	944
Pars, partis, f.	Part	65
Parvus, parva, parvum	Small	143
Pater, patris, m.	Father	71
Paulum, paulī, n.	A little, a small amount	872
Pecūnia, pecūniae, f.	Money	530
Pellō, pellere, pepulī, pulsus	Strike, beat	563
Per	Through	30
Perīculōsus, perīculōsa, perīculōsum	Dangerous	
Placeō, placēre, placuī, placitum	Please	287
Plūtō, Plūtōnis, m.	Pluto	
Poena, poenae, f.	Penalty; *with dare*, pay the penalty	223
Pōnō, pōnere, posuī, positus	Put	102
Possum, posse, potuī	Be able, can	23
Praestō, praestāre, praestitī, praestitus	Excel; *with fidem*, be loyal	423
Precor, precārī, precātus sum	Pray	492
Prope	Near	189
Proserpina, Proserpinae, f.	Persephone	
Psȳchē, Psȳchēs, f.	Psyche	

Dictionary Entry	Definition	DCC / ELV
Pulcher, pulchra, pulchrum	Handsome, beautiful	
Pulchritūdō, pulchritūdinis, f.	Beauty	
Putō, putāre, putāvī, putātus	Think	166
Causa, causae, f.	Cause, reason	107
Quālis, quāle	What sort, what kind	263
Quam	How, than	29
Quī, quae, quod	Who, which, that	3
Quia	Because	132
Quid	What	212
Quidem	Certainly	136
Quis	Who	212
Quō	Where, to what place;	305
Quōmodo	How	831
Referō, referre, rettulī, relātus	*With quid*, it doesn't matter	171
Respondeō, respondēre, respondī, respōnsus	Answer, respond	535
Revēniō, revēnīre, revēnī, reventus	Return	
Rēx, rēgis, m.	King	60
Rīdeō, rīdēre, rīsī, rīsus	Laugh, smile	874
Rīdiculus, rīdicula, rīdiculum	Ridiculous	
Rogō, rogāre, rogāvī, rogātus	Ask	551
Rūpes, rūpis, f.	Cliff	
Sacrificium, sacrificiī, n.	Sacrifice	
Saevus, saeva, saevum	Savage, cruel	244
Sagitta, sagittae, f.	Arrow	
Saltus, saltūs, m.	Leap	

Dictionary Entry	Definition	DCC / ELV
Salūtō, salūtāre, salūtāvī, salūtātus	Greet	ELV
Salveō, salvēre	Be well; *as imperative*, hello	
Sciō, scīre, scīvī, scītus	Know	172
Sē	Himself, herself, themselves	17
Sed	But	20
Semper	Always	149
Sequor, sequī, secūtus sum	Follow, obey	108
Serpēns, serpentis, m./f.	Snake	
Servus, servī, m.	Slave	496
Sī	If	16
Sīcut	Just like	791
Silva, silvae, f.	Forest, woods	234
Sine	Without	104
Singulus, singula, singulum	One at a time, individual	507
Socrus, socrūs, f.	Mother-in-law	
Sōl, sōlis, m.	Sun	320
Sollicitūdō, Sollicitūdinis, f.	Sollicitudo, *a name meaning anxiety*	
Sōlus, sōla, sōlum	Alone, Lonely - only?	176
Somnium, somniī, n.	Dream	ELV
Somnus, somnī, m.	Sleep	438
Soror, sorōris, f.	Sister	497
Spectō, spectāre, spectāvī, spectātus	Look at, watch	473
Spērō, spērāre, spērāvī, spērātus	Hope	648

Dictionary Entry	Definition	DCC / ELV
Splendidus, splendida, splendidum	Splendid	
Ssst	Shh!	
Statim	Immediately	798
Stō, stāre, stetī, status	Stand; agree	168
Stultus, stulta, stultum	Foolish, stupid	ELV
Styx, Stygis, f.	Styx, *a river in the underworld*	
Sub	Under	118
Subitō	Suddenly	848
Sum, esse, fuī, futūrus	Be	2
Suus, suua, suum	His, her, their own	27
Tandem	Finally	427
Tangō, tangere, tetigī, tāctus	Touch	534
Templum, templī, n.	Temple	485
Teneō, tenēre, tenuī, tentus	Hold; *with memoria,* remember	106
Terra, terrae, f.	Land, ground	70
Terror, terrōris, m.	Terror	ELV
Timeō, timēre, timuī	Fear	153
Tot	So many	259
Tōtus, tōta, tōtum	Whole, entire	78
Trāns	Across	ELV
Trēs, tria	Three	533
Trīstis, trīste	Sad	275
Tristitiēs, Tristitiēī, f.	Tristities, *a name meaning sadness*	
Tū	You	9
Tullia, Tulliae, F.	Tullia	

Dictionary Entry	Definition	DCC / ELV
Tunc	Then	56
Turpis, turpe	Ugly	377
Tuus, tua, tuum	Your	44
Ubī	Where, when	92
Ulula, ululae, f.	Owl	
Ūnā	Together	
Ut	So that, that, that not, as	15
Ūtor, utī, ūsus sum	Use	330
Uxor, uxōris, f.	Wife	552
Vae	Bah	
Valdē	Greatly	
Vellus, velleris, n.	Fleece	
Vendō, vendere, vendidī, venditus	Sell	ELV
Venia, veniae, f.	Pardon, *with* *dare*, to forgive	
Veniō, venīre, vēnī, ventus	Come	63
Ventus, ventī, m.	Wind	265
Venus, Veneris, f.	Venus	
Vērus, vēra, vērum	True, real	410
Via, viae, f.	Road	196
Videō, vidēre, vīdī, vīsus	See	31
Vir, virī, m.	Man	85
Vōs	You (plural)	130
Volō, velle, voluī	Want	66
Volō, volāre, volāvī, volātus	Fly	ELV
Voluptās, Voluptātis, f.	Pleasure	378
Vulcānus, Vulcānī, m.	Vulcan	

Dictionary Entry	Definition	DCC / ELV
Vulnerō, vulnerāre, vulnerāvī, vulnerātus	Wound, injure	ELV
Zephyrus, Zephyrī, m.	Zephyr	

Bibliography

Adamsz, Boëtius. *Kind in Skelet van de Dood Gekropen.* 1590-1624. *Rijks Museum*, www.rijksmuseum.nl/nl/collectie/RP-P-BI-2254.

Apuleius. *Metamorphoses: Books 1-6.* Translated by J. Arthur Hanson, Harvard University Press, 1996.

Bewick, Thomas, illustrator. *The Short-Eared Owl.* In "A History of Birds." Ralph Beilby, Thomas Bewick, and Henry Cotes. Edward Walker: Newcastle, 1809, www.oldbookillustrations.com/illustrations/short-eared-owl.

Bos, Cornelis. *Venus en Amor.* 1546. *Rijks Museum*, www.rijksmuseum.nl/nl/collectie/RP-P-1889-A-14406.

Burne-Jones, Edward Coley and Hooper, William Harcourt, illustrators. In "The Works of Geoffrey Chaucer." Geoffrey Chaucer. Hammersmith: Kelmscott Press, 1896, www.oldbookillustrations.com/illustrations/jupiter-care.

Caraglio, Giovanni Jacopo. - - -. *Plate 3: Jupiter Emerging from a Niche, Riding an Eagle and Holding a Thunderbolt in his Left Hand, from a Series of Mythological Gods and Goddesses.* 1526. *The Metropolitan Museum of Art*, www.metmuseum.org/art/collection/search/368123.

- - -. *Plate 8: Prosperpina, Standing in a Niche, Turning to the Right While Holding Mantle in Both Hands and Flowers in her Right Hand, from a Series of Mythological Gods and Goddesses.* 1526. *The*

Metropolitan Museum of Art,
www.metmuseum.org/art/collection/search/368129.

- - -. *Plate 10: Venus in a niche, standing on a conch shell, with Cupid to her Right, from a Series of Mythological Gods and Goddesses.* 1526. *The Metropolitan Museum of Art*,
www.metmuseum.org/art/collection/search/368131.

- - -. *Plate 14: Ceres in a Niche, Facing Right, Standing over a Two-Headed Snake and Holding a Half-Moon Sickle in Her Right Hand and a Torch in Her Left Hand, from a Series of Mythological Gods and Goddesses.* 1526. *The Metropolitan Museum of Art*,
www.metmuseum.org/art/collection/search/368136.

Castelli, Horace. *Girl Doing Her Hair*. In "Heur et Malheur." Emma d' Erwin. Hachette: Paris, 1877,
www.oldbookillustrations.com/illustrations/girl-doing-hair.

Clker-Free-Vector-Images. *Dove*. 18 April 2012. *Pixabay*,
pixabay.com/en/pigeon-love-happiness-valentine-36444.

Cupid Awakens Psyche. In "Myths of Greece and Rome." H.A. Guerber. American Book Company: New York, 1921,
www.hellenicaworld.com/Greece/Literature/HAGuerber/en/MythsOfGreeceAndRome.html#love.

Davent, Léon. *Psyche*. 1542. *The Metropolitan Museum of Art*,
www.metmuseum.org/art/collection/search/336950.

- - -. *Jupiter's Eagle Bringing Water of the Styx to Psyche*. 1540-1556. *The Metropolitan Museum of Art*,
www.metmuseum.org/art/collection/search/336952.

Dente, Marco. *Juno, Ceres, and Psyche in the Clouds Conversing, Juno Seated with a Peacock at Her Feet, Ceres Wearing a Garland of Wheat and Psyche Partially Naked and Holding a Cloth*. 1515-1527. *The Metropolitan Museum of Art*,
www.metmuseum.org/art/collection/search/342504.

- - -. *Venus and Cupid Riding Two Sea Monsters, Cupid Raises an Arrow in His Right Hand, Two Heads Representing Wind in the Clouds Above*. 1515-1527. *The Metropolitan Museum of Art*,
www.metmuseum.org/art/collection/search/342501.

Doré, Gustave, illustrator. *New Terror*. In "Dante's Inferno." Alighieri Dante. Cassell, Petter, Galpin & Co.: New York, n.d., www.oldbookillustrations.com/illustrations/new-terror.

Foster, Myles Birket, illustrator. *Under the Moonbeams*. In "Pictures of Rustic Landscape." John Davidson. Longmans, Green and Co.: New York, 1895, www.oldbookillustrations.com/illustrations/under-moonbeams.

Foster, Myles Birket, and Edmund Evans, illustrators. *In Thy Stream*. In "The Poetical Works of Edgar Allan Poe." Edgar Allan Poe. J.S. Redfield: New York, 1858, www.oldbookillustrations.com/illustrations/thy-stream.

Francese, Christopher. "Core Vocabulary." *Dickinson College Commentaries*, 20 December 2018, dcc.dickinson.edu/vocab/core-vocabulary.

Ghisi, Giorgio. *Cupid and Psyche*. 1573-1574. *The Metropolitan Museum of Art*, www.metmuseum.org/art/collection/search/361934.

Hogarth, William. *The Story of Cupid and Psyche*. 1724. *The Metropolitan Museum of Art*, www.metmuseum.org/art/collection/search/396299.

Luyken, Jan. *Romeinse Tempel Bij Pula*. 1679. *Rijk Museum*, www.rijksmuseum.nl/nl/collectie/RP-P-1896-A-19368-85.

- - -. *Vrouw Bekijkt de Inhoud van een Kistje Met Kostbaarheden De Juweel-Koffer*. 1711. *Rijk Museum*, www.rijksmuseum.nl/nl/collectie/RP-P-1896-A-19368-2703.

Manning, Samuel. "Italian Pictures, Drawn with Pen and Pencil." The Religious Tract Society: London, 1885. www.flickr.com/photos/britishlibrary/11307116155/in/photostream.

Master of the Die. *Plate 1: Apuleius Changed into a Donkey, Listening to the Story Told by the Old Woman, from the Story of Cupid and Psyche as Told by Apuleius*. 1530-1560. *The Metropolitan Museum of Art*, www.metmuseum.org/art/collection/search/652810.

- - -. *Plate 12: Psyche's Sisters Persuading Psyche that She Has been Sleeping with a Serpent, from the Story of Cupid and Psyche as Told by Apuleius.* 1530-1560. *The Metropolitan Museum of Art,* www.metmuseum.org/art/collection/search/653041.

- - -. *Plate 15: Psyche Telling Her Sisters about Her Misfortunes, with Her Sisters Falling off of a Precipice at Upper Left, from the Story of Cupid and Psyche as Told by Apuleius.* 1530-1560. *The Metropolitan Museum of Art,* www.metmuseum.org/art/collection/search/653044.

- - -. *Plate 16: A White Bird Tells Psyche of Cupid's illness, as She Rides Dolphins on the Sea Accompanied by Tritons and Nereids, from the Story of Cupid and Psyche as Told by Apuleius.* 1530–1560. *The Metropolitan Museum of Art,* www.metmuseum.org/art/collection/search/653066.

- - -. *Plate 17: Venus Chastising Cupid, Who Sits on a Bed, with Psyche at Right, from the Story of Cupid and Psyche as Told by Apuleius.* 1530-1560. *The Metropolitan Museum of Art,* www.metmuseum.org/art/collection/search/653073.

- - -. Plate 19: Ceres at Right, Leaning on a Pedestal, Refusing to Assist Psyche, from the Story of Cupid and Psyche as Told by Apuleius. 1530-1560. *The Metropolitan Museum of Art,* www.metmuseum.org/art/collection/search/653138.

- - -. *Plate 20: Juno, Standing at Left, Sends away Psyche, who Kneels Before Her, from the Story of Cupid and Psyche as Told by Apuleius.* 1530-1560. *The Metropolitan Museum of Art,* www.metmuseum.org/art/collection/search/653141.

- - -. *Plate 21: Female Personifications of Sorrow and Pain at Right Punishing Psyche at the Behest of Venus, Who Sits at Right, from the Story of Cupid and Psyche as Told by Apuleius.* 1530-1560. *The Metropolitan Museum of Art,* www.metmuseum.org/art/collection/search/653144.

- - -. *Plate 22: Venus Standing at Right Ordering Psyche to Sort a Pile of Grain, at Left the Same Pair Hold a Loaf of Bread, from the Story of Cupid and Psyche as Told by Apuleius.* 1530-1560. *The Metropolitan Museum of Art,* www.metmuseum.org/art/collection/search/653162.

- - -. *Plate 23: Psyche on the Order of Venus Departing to Find the Golden Fleece, from the Story of Cupid and Psyche as Told by Apuleius.* 1530-1560. *The Metropolitan Museum of Art,* www.metmuseum.org/art/collection/search/653167.

- - -. *Plate 24: Venus and Psyche Standing at Right, Pointing to the Underworld at Center, into which Psyche Enters, from the Story of Cupid and Psyche as Told by Apuleius.* 1530-1560. *The Metropolitan Museum of Art,* www.metmuseum.org/art/collection/search/653174.

- - -. *Plate 25: Psyche Setting off in Charon's Boat, Ignoring the Old Man at Left Who Requests Alms, from the Story of Cupid and Psyche as Told by Apuleius.* 1530-1560. *The Metropolitan Museum of Art,* www.metmuseum.org/art/collection/search/653177

- - -. *Plate 26: Psyche Enters the Underworld Giving an Offering to Cerberus, with Two Elderly Women at Left, from the Story of Cupid and Psyche as Told by Apuleius.* 1530-1560. *The Metropolitan Museum of Art,* www.metmuseum.org/art/collection/search/653181.

- - -. *Plate 30: Venus and Cupid Pleading Their Case Before Jupiter and other Gods with Mercury Transporting Psyche to the Heavens at Lower Right, from the Story of Cupid and Psyche as Told by Apuleius.* 1530-1560. *The Metropolitan Museum of Art,* www.metmuseum.org/art/collection/search/653210.

- - -. *Venus in her Dove-Drawn Chariot Complaining to Jupiter who is Accompanied by Mercury, from 'The Fable of Psyche.'* 1530-1560. *The Metropolitan Museum of Art,* www.metmuseum.org/art/collection/search/396185.

- - -. *Venus Ordering Psyche to Take Water from a Fountain Guarded by Dragons, from the 'Fable of Cupd and Psyche.'* 1530-1560. *The Metropolitan Museum of Art,* www.metmuseum.org/art/collection/search/367311.

North, S.N. Dexter. "The Development of American Industries Since Columbus: The Manufacture of Wool." *Popular Science Monthly,* vol. 39, June 1891,. pp 176-195, en.wikisource.org/wiki/Page:Popular_Science_Monthly_Volume_39.djvu/192.

OpenClipart-Vectors. *Untitled Image*. 31 January 2017. *Pixabay*, pixabay.com/vectors/abc-animal-ant-insect-2026985.

Thuman, Paul, illustrator. *Eros*. In "Eros and Psyche: A Fairy-Tale of Ancient Greece Retold After Apuleius." Paul Carus. The Open Court Publishing Company: Chicago, 1900, openclipart.org/detail/214031/eros-and-psyche.

- - -. *Eros and Psyche*. In "Eros and Psyche: A Fairy-Tale of Ancient Greece Retold After Apuleius." Paul Carus. The Open Court Publishing Company: Chicago, 1900, ia800303.us.archive.org/24/items/erospsychefairyt00caru/erospsychefairyt00caru.pdf.

van de Velde, Adriaen. *Two Recumbent Sheep*. 1670. *The Metropolitan Museum of Art*, www.metmuseum.org/art/collection/search/399682.

Williams, Mark. *Essential Latin Vocabulary*. Sophron, 2013.